净因三要

释证严 著

复旦大学出版社

出版说明

《净因三要》最初由台湾慈济文化出版社在台湾出版发行。

证严上人，台湾著名宗教家、慈善家，一九三七年出生于台湾台中的清水镇。一九六三年，依印顺导师为亲教师出家，师训"为佛教，为众生"。是全球志工人数最多的慈善组织——慈济基金会的创始人与领导人，开创慈济世界"慈善"、"医疗"、"教育"、"人文"四大志业。二〇一〇年，被台湾民众推选为"最受信赖的人"。如今遍布全球的慈济人，出现在全世界许许多多有灾难与苦痛的地方，通过亲手拔除人们的苦与痛，实践上人三愿：人心净化，社会祥和，天下无灾。

证严上人及慈济基金会的各种义举，得到国家有关部门的重视和肯定。二〇〇六年,慈济基金会获得"中华慈善奖"。二〇〇八年,海峡两岸关系协会会长陈云林访台期间,特意前去拜访证严上人,并对慈济基金会在大陆的各项慈善行为,做出了高度的评价。二〇一〇年八月,经国务院批准,慈济慈善事业基金会在江苏省苏州市挂牌成立,成为大陆第一家,也是唯一的一家由境外非营利组织成立的全国性基金会。

一九八九年,证严上人发表了第一本著作《静思语》(第一集);此后的数十年来,证严上人的著作,涵盖讲说佛陀教育的佛典系列,以及引导人生方向与实践经验的结集;这些坚定与柔美的智慧话语,解除了众多烦恼心灵的苦痛与焦躁。台湾民众有这样的说法——

无数的失望生命,因展读上人的书而回头;
无数的禁锢心灵,因展读上人的书而开放;
许多的破碎家庭,因展读上人的书而和乐;
许多的美善因缘,因展读上人的书而具足。

证严上人的著作问世后,在海内外均产生广泛且持久的影响。最近复旦大学出版社获得静思人文志业股份有限公司授权,在中国大陆推出"证严上人作品系列丛书"的简体字版,包括:静思语系列、人生系列、佛典系列三大书系。《净因三要》属于佛典系列,讲述如何及时播种"清净因",以获得幸福美满"果",使人生豁然开朗,处处是机会,时时有欢喜。希望能给读者以启迪。

复旦大学出版社

二〇一〇年十月

前　言

释证严

"净因三要"之主要义理体系，系以"修净因"为其实践基础；盖欲诸弟子于领悟佛家四谛十二因缘、三法印之原始佛法之外，能对佛陀之遗教，有所身心力行之凭藉。

所谓"修净因"者，乃谓箴诸学佛之人，人人以修"清净因"、行"清净因"，为其修身之准则，以"人格成即佛格成"之理念，期其登于佛性之堂奥也。

"修净因"之纲目有三：

一、孝养父母，奉事师长，慈心不杀，修十善业。

二、受持三皈，具足众戒，不犯威仪。

三、发菩提心，深信因果，读诵大乘，劝进行者。

吾人若能以"清净心"行此三事，则"人成"矣！"人成"之后，"佛成"则指顾之间可待矣。

期凡一读此文之菩萨法侣,能体念佛陀教导吾人之悲心,而有以己立立人,自度度人,则所勉于我诸弟子"人成佛成"之愿足矣。

目　录

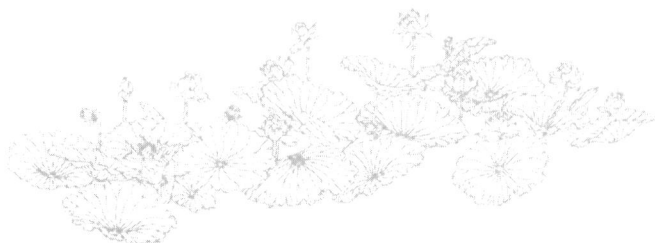

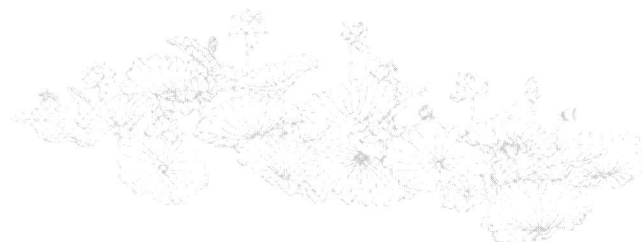

一、孝养父母

孝养父母为百行之先

世间之孝与出世之孝

道在寻常日用中

孝养父母为百行之先

修学佛法,主要是为了去除内心的污染,清净自我的心地。

所谓清净心,即人性本来没有沾染污秽的这分善性——善良的本性。既然本来就是善性,本来就清净,为什么还需要净化呢?又为何有污染与清净的分别呢?

所谓污染心,即是我们在日常生活中,受人我是非所熏染、熏习,而生起计较的心理,使良善的本性慢慢趋向恶念。

修行的意义,就是要接受佛陀的教育,洗炼自我的心地,将已经沾染尘垢的心,用佛陀的甘露法雨洗涤清净;也就是在人与人相处之中,时时提起正念,修养自己的言行。

要达到清净的修养,必要"藉事练心"修净因。在人

间现实生活中,修学佛法不离三件要事:

一、孝养父母,奉事师长,慈心不杀,修十善业。

二、受持三皈,具足众戒,不犯威仪。

三、发菩提心,深信因果,读诵大乘,劝进行者。

如是三事,名修净正因。

以关爱子女的心对待双亲

第一是孝养父母。

修学佛法,不离"世间法"。世间说"百善孝为先",修净因、净业的目标,是要达到佛与圣人的境界,但仍然要从做人开始。做人要饮水思源:我的身躯从哪里来?父母如何为我付出爱心,我应该如何回报父母?

回报亲恩就是孝养父母。《论语》中告诉我们应该如何孝养父母,儒家所讲的孝养父母是尽人事、形态恭敬、殷勤、顺从,不让父母烦恼,这就是孝。

子女让父母操心者,可分为:自我行为和身体二方面。多数父母都望子成龙、望女成凤,希望子女能在社会上贡献所长、成就事业。然而,有的子女不懂得安分守己,却将自己强健的体力用于不正当的行业,困扰自己、破坏社会,使父母心烦、焦急,并换来社会人群的唾弃辱骂,使父母蒙羞,这就是"不孝的行为"。

有的人虽然很孝顺,但却让父母非常操心,为什么呢?因为不懂爱惜生命,毁伤了自己的身体,使得父母为其担忧操心。看看医院那些挂急诊的患者,大部分都让父母非常操心:有和人打架的、有骑飞车去撞到人或被人撞的……这些做父母的为了孩子肝肠寸断外,还要负担子女打伤人或撞到人等种种心理压力。

病在儿身,痛在娘心

更有为子女罹病而担忧者。例如慈济医院加护病房曾有一位四岁半的孩子,体弱多病又患脑水肿症,目前由他的母亲照顾。这位母亲生有二子,大儿子八岁,健康活泼,小儿子却患脑水肿;为了这个孩子,造成婆婆与先生对她的不谅解,认为是怪胎,她不断受到讽刺、指责,先生更是向外求逃避。最后这对年轻夫妇不得不离婚,大儿子由先生抚养,小儿子由她照顾。

为了这个儿子，除了金钱上的负担外，她还得不眠不休地照料他。有一天，儿子忽然从椅上跌落，被送到慈济医院急救。年轻的妈妈一个人孤孤单单地守在加护病房外，忧心如焚地以泪洗面，那双无助哀伤的眼神，令人看了实在深感同情。

后来，孩子离开加护病房移至普通病房时，我去探望他们母子。母亲因为彻夜未眠，伏在孩子床上睡着了，我走近床边伸手摸摸孩子，这小孩天真无邪又可爱，脸上时时绽露笑容，还伸出两只小手让我摸摸。此时他的母亲醒来抬头看到我，我告诉她："你看！你的儿子已经清醒了，你的儿子这么可爱，应该不要紧的，你不要伤心啦！"做母亲的看到儿子对着我笑，还伸出手和我玩耍，宽慰地露出了笑脸。

但是，过了一天，孩子又再度昏迷送入加护病房。有位台北的委员告诉我："这个妈妈非常可怜，为了这个孩子，日不食、夜不睡，都快生病了！"

你们看看，一个孩子从小养到大，做父母的要付出多少心血？为了孩子，她宁愿牺牲夫妻之爱，宁愿割舍健康的大儿子,来保护这个多病不幸的小儿子,这就是天下父母心啊！我们小时候,是否也曾让父母付出同样的爱来对待我们呢？我们怎么可以不孝养父母呢？"孝"是人的本性啊！

父母爱子女的心是无微不至的,这就是"慈母心"。我们若能以关爱子女的心,来孝养父母,即是真正至高无上的"孝心"。

有一次慈济发放日,全省各地许多会员回来本会,大家聚集在这里,每个人所提出来的困难,及希望我提供的意见,都离不开"如何使子女专心读书、品学兼优、增长智慧……""如何才能让子女得到真正幸福？""如何做回向,才能让子女受父母福德的庇护,得到福报"……每个人的话题都围绕着子女,大家所关心的,都是自己的子女,却少有为父母尊长造福,将功德回向高堂的。

有位年轻的妇人,因宗教信仰的方式未获家人认同,也提出问题问我。我告诉她:"学佛不可整天跑道场。只顾着自己拜佛、听经,丢置家事而不管,对公婆未克尽孝道,对子女没有付出母爱,如何叫家人不反对？"年轻的妇人回答："几天前我还寄半斤人参给我的婆婆呢！"

我说："孝顺不是用半斤人参就能表现的。'孝'，必须以恭敬心来对待父母、公婆，而并非仅提供物质奉养他们——父母不是让我们用'养'的，而是必须以恭敬心孝敬他们。将内心的恭敬形于外就是'顺'，为人子女者应和颜悦色、顺从父母，让父母得到心灵上的欢喜，而不是只供给丰富的物质就叫孝顺。"

只有物资奉养，非孝

现代人所说的孝，往往只限于物质奉养而已，以为把物质拿给父母，让父母不愁吃穿，就算是孝养父母了。反观过去所谓的"孝"，除了要使父母衣食无缺之外，还要晨昏定省，问候尊亲。说任何话，一定要先察颜观色，仔细思量自己说的话，是否令父母欢喜？还是生气？若看到父母的眼神含有怒气，则所说的话到此为止，赶紧转移话题，不令父母生气。

现在有很多为人子女者，当父母和他说话时，他连回个头看看老人家的脸，都觉得是多余的！甚至很多人为了提高生活水准，离乡背井、远离父母，在外打拼奋斗，以自己的事业、家庭为重，往往忘记了在故乡倚门望子归来的双亲。

现在有很多父母常常往国外跑，为什么要时常出国呢？因为他们把子女送到国外念书。不论是美国、英国，即使路途遥远，他们都不辞辛劳地去探望子女。然而，在台湾本土，从都市到乡村去看看父母，他们却感到路程遥远，而且认为自己的事业要紧，没有空闲时间……若是对子女的爱念，则不会因时空遥远而受阻，每次出门看子女，都是一个月或几十天，而且认为是理所当然、亲情难舍嘛！

所以，如果能用爱子女的心来孝养父母，即是人性本能的崇高表现，也就是人之初、性本善的清净善心。

孝养父母是百行之先

"念佛乃诸法之要，孝养父母为百行之先"。想入佛法之门，要先学会念佛，因为念佛能时时刻刻警惕自己"以佛心为己心"；培养慈悲爱念，也是要从念佛开始，所以，念佛即是入佛门学诸法的重要法门。

而孝养父母是百行之先、万善之门——没有孝养父母的心，而想追求佛心，是不可能的事，要修持学习佛心，必须先培养孝养父母的心。所以说"孝心即佛心"——孝养父母之心，就是清净的佛心。舍离"孝"则远离了"佛"，不念父母也无佛可念。这是佛陀教育众生非常强调与重视的一点。

学佛修行者，"孝行即是佛行"，一切孝行无不是修学佛法的行为。由此可体会，孝道与修行是多么密切的事，我们要修行学佛，希望达到与佛同样的境界，必定要先从孝养父母开始。

所以说，"孝"字实为众妙之门，所有无上甚深微妙法，皆由"孝"入门。如果没有"孝"，我们的心门就是封闭的——因为欲念及贪、瞋、痴等污染心，障蔽了我们的心门；唯有以孝开启心门，才能真正走入学佛之门。

总之，佛陀所说的教法、所施行的教育，可以说是以"孝"为宗。佛教的一切经典，也是以"孝"为戒——做人要如何守规矩？如何不冒犯众生？必须先从"孝"做起。

不犯上是做人的根本，也就是成为君子的根本；想做个坦荡荡的君子，必定要从"不犯上"开始做起，渐次便能上敬下爱，不冒犯一切众生。

不念父母，无佛可念

孝，有"在家之孝"与"出家之孝"。

"在家之孝"是指社会人士孝养父母应该力行、持守的事。佛教与儒家皆讲孝道。《论语》中所讲的孝养父母，是尽人事、尽形态，要殷勤顺从，不让父母操心，就是孝。父母对待子女，也难免有特别喜爱或次要的，也有比较不喜欢的，这是凡夫心在所难免——爱子女的心同样也有分别。

以子女而言，如果能得到父母的爱，应该感恩与欢喜；假如与父母比较缘浅，即使我们做得非常辛苦，还被父母厌嫌、责备时，也要做到不怨怼，这就是"爱而不忘、劳而不怨"——父母爱我们时，要心生欢喜，不可忘记父母的恩惠；父母责备我们时，要任劳任怨，绝对不可有怨恨的心理。

　　历史上有很多孝子,例如舜是古代的圣贤,从小就受母亲百般虐待,但是他一点都不埋怨、记恨,这就是圣人之所以成为圣人,而与一般人所不同的地方。我们对父母一定要尽到一项责任,即是"承顺颜色,以尽孝养"——顺从父母,察颜观色,尽量让父母欢喜、安心,这就是尽孝。如果让父母烦恼、担心、触怒父母,这都是不孝。

　　父母是子女的模范,希望人人孝顺要及时,以树立将来教育子女的根本礼法。

世间之孝与出世之孝

　　每个人此生的生命是承续着过去生所造的业缘，而成为今世的"报体"（人身）。这一生若家庭很幸福，夫妻、子女都很和睦，是因为过去生结了好缘，这一生再来相互报恩，所以能"亲慈子孝"——为人父母者，尽到抚养子女的责任；为人子女者，能够懂得"反哺之恩"，回报父母为子女付出的爱，善尽奉养之孝。这都是过去生所结下的好缘。

千古衣冠共一丘

　　佛教中称凡夫是"分段生死"——一生只有短短数十年而已，而其中离不开生、老、病、死的过程；凡夫不知道人除了身命以外，还有永生不亡的"慧命"。

　　世俗人孝顺父母，终究是短短数十年的时间，只是略尽物质生活上的孝养而已，然而这些物质，父母最后什么也带不走。

真正的孝养父母，应该是增长父母的慧命，不让父母因为这个家而造业；否则到了临命终时，他们所带走的，只是这一生中争斗时所造下的业，而在生命中曾经拥有的物质，却一样也带不走。

出家乃世间的大孝

出家之孝，并非注重物质上的奉养，而是为了增长父母的"慧命"。

我们现在所得人身，是因为与父母有缘，藉由父母而生此肉身。在我们幼小时，父母用心地抚养、教育，让我们得有今天健康的身体，培育正当的思想，能够判断、选择正确的道理，这都拜父母恩德所赐！所以一般人只尽物质之孝，出家人则必须尽一分真性、超凡的慧命之孝。

古德云："出家乃大丈夫事"、"出家是报七宗八祖之恩"，出家不只可以度过世的父母及现在生养的恩亲，还可以报未来的父母恩。为什么出家可以报这么多的恩呢？因为佛陀的教法不只教我们如何做人，还教我们如何超凡入圣，迈向成佛之道；他不仅教育我们这一生中要生活得快快乐乐，还教我们解脱自在，以及培育永生不死的慧命，让我们以世间最真、最透彻的道理，照彻过去、现在与未来，不但可以自悟，还可以悟他。

孔子说："朝闻道，夕死可矣！"也就是早晨若能听到一句真理，即使晚上死去也毫无遗憾！可见一个人拥有物质享受，并非真正的快乐；真正踏实、快乐，能够救助我们心灵的，唯有"真理"。

孔子追求真理的态度，是如此认真，可谓处世之圣人；处世的圣人都要追求真理了，更何况是想要超越平凡到达圣域的我们，当然更离不开真理了！

白骨如山，历劫亲情

有一次，阿难跟随佛陀外出，行至坟场看到一堆白骨，佛陀就向那堆白骨五体投地恭敬礼拜。阿难看了觉得奇怪，佛陀乃人天的导师，为什么在坟场上看到一堆骨头，会如此虔诚恭敬呢？

古代印度与中国的葬礼有所不同，在中国，人往生后遗体是用棺木装好再以土掩埋，并立一个墓碑，作为永久纪念，这叫做"埋葬"。而在印度，人若过世则多用"天葬"——他们将死去的人搬到山坡上，任其风吹、日晒、雨淋，自然腐烂，让鹰鸟吃他的肉、虫蚁啃蚀他的骨头，并且让雨露洗炼成洁净的白骨。他们认为以大自然来洗炼最终的人身，最具生命意义，所以印度古代都用"天葬"处理死者的躯体。

阿难向佛陀提出他的疑问："佛陀啊！这些白骨与佛有什么关系呢?"佛陀开示："阿难！这堆积如山的白骨，都是我过去累生累世父母的白骨所累积起来的，不只如此，将来还有更多的白骨，都是我未来的父母。"

在人生道上，人一生有一对父母，这些堆积如山的白骨，都是佛陀过去生的父母所遗留，可见佛陀在人生道上来来回回，从无止尽，不只有过去，更有未来。佛陀的修行，是为了报父母恩而修行的，是为了开导一切众生而成佛的。在天道，天人寿命长、物质丰，所以没有机会学佛；唯有在人间显现出众生的形象、短暂的寿命、污染的情爱,才可以藉境练心,修行成佛。

为报大恩、觉长情,出家人的孝是辞亲割爱——舍弃凡俗短暂的亲缘,扩大心量成为超越过去与未来的觉有情。我常常说,凡夫的情与爱是小我的染爱、小我的迷情;菩萨的情与爱是觉悟、清净的感情。而要达到觉悟、清净、大爱、长情,一定要先割舍小爱、私爱及短暂的情。

信心·毅力与勇气

那么,出家修行与在家修行,到底有什么分别呢?在家人随心所欲,想做什么就做什么,像一匹未拴缰绳的野马,所行走的路也没有规则可循,可说是随"欲心扩散",享受人生一切的物质生活,此即在俗染欲之人。

出家是要收摄欲念,约束欲心;就好像为脱缰迷途的野马配上马鞍,有所制约。出家人一定要具足三种条件:

一、信心。"信为道源功德母",要走入康庄的菩萨道,必须从"信"开始,不只要有"信",而且是坚定的信。

二、毅力。不仅要信"佛"的道路,还要相信自我坚毅的力量。"千里之路,始于初步",不论路有多远,不管我们的能力有多少，总要随分尽力去完成决定走的这条路，此即是"毅力"。

三、勇气。人生的道路，难免会有坎坷不平的时候，但我们一定要有勇气突破人生的历练，肯刻苦耐劳才能达到目标。

随着经济的富裕与繁荣，我们享受社会进步所带来的成果，更应该走入社会，为苦难众生尽一分力量。而修行者更应拿出苦行僧的精神，除了控制自己的心念不受社会物欲与名利所引诱，并且还要付出爱心及无私的悲心，扩大清净的感情，去爱护一切众生。若能如此，就可称作现代的修行者、现代的宗教家了！

我们的身躯来自父母，由父母所赐，因此一切举动、造作，无一不是父母的功德。如果我们能藉此身躯造福人群，父母也因此间接得到福德。所以，出家修行者要好好利用时间，恪守本分，做好分内应该做的事情，决不可被现代社会物欲潮流所牵动或被名利所引诱，要时时刻刻自我警惕。

慈济原是大洪炉

修行就是磨练，藉环境以练心，藉事而养心。欲藉环境修练心性，藉人事修养人生，首先必须经得起磨练。

打铁店里有很多废铁和丢弃的杂铁，想把这些废铁还原再打造成良好的用具，一定要先丢进炽热高焰的洪炉里，经过烈火烧炼、熔化，才能将废铁再还原。但是，并非只将它熔化就可以成为很好的器具，一定还要经过大铁锤的敲击、打造；经过锤打后，重新丢进洪炉烧炼，然后再取出来敲打。这期间不知道要经过几次的热火，不知要经过多少次的敲打、锤炼，如此反覆不断，才能制造成理想的良器。

佛法有如洪炉；废铁犹如凡夫顽固的心。众生长久以来，轮回在三界六道之中，使清净的本性，不断受到"爱、欲、自私、贪、瞋、痴、慢、疑……"等习气的染著。如果想要回复"人之初，性本善"的清净心性，一定要经过教育及洗炼。

什么样的教育，可以洗掉污染心呢？佛法——佛陀超凡的智慧，能调伏众生刚强的心。众生的心像长期使用过的废铁，刚强、坚硬又顽固。唯有佛陀大智慧的教育，才能将如此刚强的心洗炼清净。

大部分人听闻佛法之后，都会自省过往的错误，并且想改正。但是回到现实生活中没多久，却照样存有染著的心，及贪、瞋、痴、慢、疑等种种习气，在日常身行中，依然是计较之心不断。这就像废铁丢入洪炉里烤炼，却没经过敲打、塑造一样，等火的热度退了以后，又还原为本来的废铁，本质一点都没有改变。

因此，除了听闻佛法之外，还要身体力行，在生活中的每个当下，发挥我们的爱心，不畏辛劳地奉献、付出。学佛首重力行、实践，而慈济就是用佛教的精神，力行菩萨道。

不可少善根福德因缘

人生旅途中，难免会遇到逆境和不如意的事情。曾经有一位从台北回来的委员告诉我："慈济的委员不好当，责任很重。"我问他："有多重啊?"他回答："我每劝募一户参加'慈济'之后,都得保他阖家平安,否则下回再去收善款,就很难了……"他又说:"当然,我希望每一个人参加功德会后都能发欢喜心,也能平安幸福,但是,毕竟人生无常啊!"

他提到,有位热心的会员认为"乐捐就是造福,家里便能平安",所以全家参加捐款的行列。有一段时间,那会员觉得参加功德会以后,家中不如意的事情一直在改善,现在什么都如意了,她很高兴,所以又发心去劝募别人,总共邀了十几位朋友加入会员。但是过了一段时间,她发现征信的名单将她儿子的名字印错了,便非常生气地责问委员;委员到分会查询,结果账目并没有错。但是这位会员还是怒气难消,见到朋友就诉说此事,她说:"我不是怕钱不见,我怕的是名字不对,佛祖就不认识我,这样一来就没有感应了!"

另外一个例子是——一位委员向会员劝募,请会员发心捐款为慈济医院购置病床。会员说:"好啊!我愿意乐捐。"于是他捐了两张病床的善款。过了一段时间,他打电话向委员询问:"最近我身体不太舒服,可能是乐捐的病床有人躺着,所以我才会生病。"

佛陀有言:"一念动三千",要念念善因,我们做好事,功德是出于一念心、一念的善良,善心一动,就已经播下善因种子了! 希望大家不要太执著,我们发心,便是种下善"因","无我相"的布施就会有无量功德;若斤斤计较,起贪欲、污染的心,如此纵使有功德,也是非常微小。

所谓"种如是因,必得如是果"。例如身体产生病痛,怎能说乐捐的病床有人睡,就会生病? 也不可因为走路时,自己不小心踢到石头,就认为自己今天做了好事,为什么没有受到保佑,却让石头碍到脚? 其实,说不定是你心有"杂念",正起了——贪、瞋、痴……等妄念,心不在焉于是走路踢到石头;待踢到石头后的那一念"痛",才使你警觉自我本性啊!

希望大家能够拿出"正念"的精神,正确地学佛。

入佛门有很多种方法,有的人说:"只要一心专念'阿弥陀佛'就可以往生西方极乐世界。"其实,《阿弥陀经》言:"不可以少善根福德因缘,得生彼国。"——并不是光念佛号就可以求登西方极乐世界,人若没有"大福德"、

"大善根"因缘,绝对无法往生极乐世界。"大福德"就是利益人群,随分随力做好事,随时把握机会去救人;"大善根"就是拿出智慧,以"无我"的精神,为佛教、为众生付出良能。

人生在世,最有意义的就是要利益人群、服务众生,将普天下老者当作自己的父母,将幼小者视为自己的孩子,把年轻同辈者当作自己的手足——视人人为我的手足、亲人与子女,以慈母的心来待人处事。

一个冷酷无情的毒子

现代多数人不知敬爱自己的父母,只会疼惜自己的子女。看看目前的社会,老人问题日益严重,有不少社会人士建议慈济筹建疗养院和养老院,这实在令人痛心,为何有这么多老人无法享受含饴弄孙、颐养天年之乐呢?

曾经有位年轻人将母亲送到慈济医院急诊,他母亲因心脏血管破裂,病况相当危急被送入加护病房。医师检查后对我说:"这个病例目前我们无法处理,她必须动心脏手术,需要很多心脏专科医师参与、协助。师父,我们是否尽快将她转送到台北?"慈院以救人为第一！因此我回答:"只要她的家属愿意,我们立刻联络台北的医师,送她到台北救治;至于交通问题,我们可以为她租一架小飞机。"

我们与台北的医师联络好,只要这位患者一到达,随时可以进入手术室开刀。医师又表明她家境困苦,我说:"这是救人的时候,不是谈钱的时候,只要有得救的希望,我们就要全力救治。"医师便与她的家属商量此事,她儿子说:"到台北治疗的医药费我负担不起,即使免费我也没空去照顾！"医师耐心地为他分析:"她才四十五岁,身体其他器官的功能都还不错,现在还来得及救治,若再拖延就药石罔效了！"没想到他却回答:"那么,我将她带回家好了！"医师无法和他达成共识,便说:"那就暂时让她留在加护病房观察吧！"她儿子又说:"她的心脏已经这样了,还住院干嘛?"于是不顾医师喝止,强行将病人推出加护病房。结果,被推出病房的母亲,乘电梯下楼后便过世了。

看看这个儿子对待母亲的态度,实在令人感叹！佛将一切众生视为自己的子女,用"慈母心"来对待一切众生;如果子女对待父母,能够像父母对待子女一般,无怨尤地牺牲、奉献,这样温馨的画面将是多么美好啊!令人感慨的是,现在为人子女者,能对父母"承顺颜色,以尽孝养"者,真是愈来愈少了!

道在寻常日用中

　　每个人都有一分与佛同等的智慧,想要从凡夫地超脱入佛的境界,一定要先回归清净本性。

　　我们应该深入体会佛陀的教法,让自己经历洪炉的淬炼,在困厄的环境中,千磨万击,自然可以锻炼出处于困厄环境的自在与坚强,以因应将来面对任何困顿时,皆可迎刃而解。学佛须藉人事环境的磨练,方能造就"凌霜雪而弥坚"的志节。

　　每月慈济发放日,我们都可以在照顾户身上,看到许多不同人生的真实面貌。社会中虽有苦难的示现,但也有爱心的扶助相互交流,就像在萧瑟寒冷的冬天里,因为有梅花争放,更加点缀世间的美丽。

　　从现在开始,我们要努力向菩萨道精进。菩萨道是无止尽的,所谓"倒驾慈航"就是菩萨即使到达目的地成就佛果,仍会再返回世间普济天下苍生;"慈济"的善行也无休止之日,我们要生生世世尽形寿、献身命,学习菩萨"倒驾慈航"的精神,更不可忘生生世世的父母恩。

"虚空有尽,我愿无穷",我们要发大愿、行大善,更要时时自我惕厉,珍惜此大福德因缘,让自己接受人事的磨练。

学佛离不开做人,而做人必须从孝养父母开始。

在我们的成长过程中,父母不断地为我们付出,而我们的身体乃由父母所赐,若能善用此身付出大爱于一切众生,则父母将能得到人们的赞叹与祝福——"你的孩子很有教养啊!""他为人群贡献很大,你真是功德无量!"……父母也因此而得到心灵上的安慰与快乐,这是精神上的孝养——让父母增长慧命。

佛陀在忉利天为母说法

释迦牟尼佛出世七天,他的母亲摩耶夫人就往生到忉利天。摩耶夫人为什么能升登天道?因为她生了一位造福人群的福子,所以承受这分福缘而往生忉利天。虽然母亲在天道享福,但智慧超凡的佛陀明白,只是让父母亲享福,这样并未完全报答父母恩,因为天福享尽了一样会轮回六道,所以这样的报恩并不究竟。于是,佛陀就在八十岁即将入灭前,上升忉利天宫为母亲讲说《地藏经》,此经亦称为佛教的"孝经"。佛陀为母亲讲经,是希望她能在福中启慧,能于天道中再超越三界,种下成佛的善因。

这种报恩的方式,又岂是物质的孝养所能比拟的!修行佛法不仅能自度、度父母,同时更能普度一切众生。

在家人对父母的孝养以物质为重,并且只限于一世寿命的生活奉养;而出家人则以慧命为重,慧命才是永生的解脱,所以尽出世之孝,一定要身体力行,以平时的修行和平日的付出来回报一切众生,如此也是报恩于我们过去、现在和未来世的父母。

恒顺众生,应机化导

佛是为众生而修行、为了度众才成佛。今天,我们来自不同的家庭背景、不同的生活环境,共聚于此修行,难免因不同的观念和生活习惯,而产生各种磨擦与烦恼。一般人遇到这种状况,常常会彼此争执,认为自己的道理比别人充足,于是执意争个我是你非,像这样为了私我而争执,即是世间的凡夫。

学佛的人应该超脱人我是非,对彼此不同的观念及习惯,要以超然的心态看待——如同牛乳倒进水里很快就能溶解混合,又如我们将气息吐露在空气中,很快就能与空气融合一样;学佛者的心,要像虚空及清水一般,能够涵纳一切、顺应众生的习性,契合根机理念善巧地引导众生——先接纳,再感化。

因此,修行者的心念要达到真正超然,应从宽心对待一切众生做起,以爱心及耐心应机善导。那么,经此淬炼,就能超脱凡夫的习气。

佛陀为了救度众生,顺应众生根机,化成与众生相同的身形及相同的生活方式,来人间设教、说法,最后成佛证果。所以,为了引导众生离苦得乐,佛教徒必定要修养自我,恒顺一切众生,世间一切人与事,都是我们修行与磨练的对象,只要好好下一番工夫,学习面对境界而努力修行,就能成功。

行兹在兹,念兹在兹

现代人常迷失自我、迷失本心,修行则是为了"明心见性",去除心中的无明。日常生活中,须时时刻刻自我观照,去除贪、瞋、痴等杂念,一切行为举止皆要"行兹在兹,念兹在兹"以唤醒自性、找回自我。只要心念专注在每个举手投足、开口动舌的当下,训练自己"心行如一",就能避免常常做出无意识的行动,或因言语行动的疏失所造成之错误。

我们既然想回报父母的恩德,就必须要有佛陀的精神——为众生而修行。修行必须先律己,然后才能律人;"律"就是戒律,也就是说,修行的人要时时观照自己的心念,无论是开口动舌、举手投足,都要非常谨慎。如果我们的生活不能自我规范,行动举止不能自我控制,又将如何去影响他人呢?

广结善缘，视众生如父母

一般人对今生此世的父母要尽物质、尽身形地孝养；出家人更要尽形寿、献身命来孝养我们过去、现在、未来世的父母。现在和我们相处在一起的人，也许曾是我们过去生中的父母，而我们今生所结缘的众生，也可能是我们未来生中的父母，因此我们要好好珍惜因缘，对待每个人要礼敬如父母。

总之，大家要多注意自己的言谈举止，修养身行，说话、做事都须三思而后行，并且合乎礼仪，让人只要见形闻声，皆能起欢喜心、发善心。若能如此，就是与众生结好缘，也就是回报众生恩，更是广结未来的善缘。

人生道上的罪与福

每个人都希望有个充实的人生，但什么是充实的人生呢？就是善用人生的良能。

人生在世，应该多多发挥生命的良能造福人群，造福人群表面上看来是付出，其实是心灵上的一大收获。因为在使用时间、生命及良能为利益众生而付出的同时，会让我们感觉到生命更踏实、更有意义，一点都不会觉得人生过得很空虚，这种盈满的感觉即是幸福。

慈济人日常的举手投足，无不是为了利益众生而努力！因此，我们每一天都是在幸福中度过。《地藏经》中说："举止动念，无不是罪"，意即起心动念无不是罪，举手投足无不是业，启口动舌无不是罪。人的一切行为，不离善恶两种业：善业——指身体力行利益人群，此即是福；恶业——指损害人群、破坏人间的行为，也就是罪。

福与罪皆由人的行为举止产生，而主使人一切举动的就是——心。我们的观念、心念若趋向善的一方，则一切举动便能利益人群；若心念向恶，则一切行为将会破坏人群，对世间造成危害。所以，同样是人的身体动作，却因不同的心念，而产生两种极端不同的结果。

言语谈话也是如此，二三千年来中国与西方曾出现许多圣贤，如释迦牟尼佛、孔子……都是以"口"度人——用正确的思想、言语来引导大众，利益世间。自古以来，不知有多少圣贤成为众生心灵上的救度者，这就是以口助人。相反的，从古至今，也有许多用口损害人群、启祸造业者，有句话说："祸从口出"，同样的道理，罪业也是由口而出。

口能造福人群，也会祸害人间，其中关键，还是在于人的心念。观念正确，就可以引导大众行于正道上；反之，就会祸害人群。所以学佛要依循正道明师，才能成为一个正信的佛教徒，造福人间。

二、奉事师长

生我者父母,成我者师长

学佛须求正知正见

选择良师,专心依从

事师应如事佛

生我者父母，成我者师长

孝养父母是做人做事最基本的道理，也是万善之门，入佛门的初基亦是从"孝"开始。学佛弟子，必须以孝为宗。除了孝养父母外，同时还要尽心奉事师长，因为我们一切的正规、道业，皆从师长的教导而习得，所谓"生我者父母，成我者师长"，立身处事于人间，要做个利益人群的人，发挥人生的良能，一定需要启蒙者的引导；能在学习路上引导、教导我们的人，皆是我们的老师。

过去的人想学门功夫，至少得花上三年、五年的时间才能学成，而且要拳拳服膺、循循顺从，才能得到师父全心的调教与真传。因此，过去的人相当尊师重道。身为佛弟子，对于引导我们走入善道、洗炼我们的心灵、开启我们清净慧命的师长，其恩德又如何言喻呢？

父母生我们只是一生一世，师长开启我们的心灵、引导我们的人生，是历过去、接未来，让我们在茫茫六道中，有个正确明白的去向，并使我们的慧命长存。

众生自无始以来，清明的本性即被无明遮蔽，乘着业力而来，又落入六道的业海之中，良知被欲念埋没，犹如处于暗室中，又像漂流在茫茫的大海上。而师父、师长，就是暗室里的一盏明灯，也可以说是苦海中的慈航，开启我们智慧的道路，因此师长的恩惠无异于父母的亲恩。

我们和父母的关系是共业，因为业缘而成为父母子女，这分缘是染缘；而与师长则是净缘。师长启蒙我们，使我们慧命长存，不但助益我们的今生，甚至来生及未来生。他指引我们正确的人生方向，让我们不再沉沦苦海，所以说师长的恩德是无可比拟的！

德丧起于不能尊师重道

所谓"合抱之木，发于毫芒"，能够成为庇荫万家的大树，是源自最小的"因"——种子，而渐次硕壮；出家修行人要成为人天的导师，也一样要从尊师重道做起。净土宗的莲池大师曾说："师长之德逾于父母，重于乾坤。"又说:"所以弟子事师,不敢慢矣。"他固然是一代明师,但也曾为人弟子。他之所以能够成为佛教一代宗师,正因为他能善尽弟子的本分,做到真正的尊师重道。

然而,尊师重道的观念在现代社会似乎已日渐式微!现在的社会道德沦丧,起因于不能尊师重道。过去师长的一句话重如泰山,现在却轻如鸿毛!道德的沦丧,也让我们的社会出现了危机。

曾有几位老师与我闲谈时,讲出内心的话后,竟然痛哭流涕,让我深深感慨,人师真是难为啊!现在青少年所受的教育,花费教育家多少的心血?用尽了父母多少的培育与期待?但是教育的功能到底发挥了几分呢?

现在一些学生,对师长不但不懂得恭敬遵从,反而认为师长严格的教导是唠叨,而蔑视师长的苦心;甚至有些学生做错了事,一点都没有悔改之意,依旧理直气壮,不听师长的教诲,也难怪许多老师会有"道不行,乘桴浮于海"的感叹!

师之德重于乾坤

出家学道也是一样，千里之途，始于初步。如果轻慢师长，不能真正地尊师，又如何真正重道？忘记了初步，就想趋向千里，如何能找到真正的"道"呢？

过去的大德，将佛教分列宗门派别，主要目的就是希望弟子能深入契机法门，专心学道；否则佛法八万四千门，今天走这条，明天走那条，走得心慌、意迷，如何能够深入？求道最重要的就是心安理得，我们既然择师，则必从于师，如此心就能安。若选择此处修行，而心却无法安住于此，"道"又如何能专呢？

所以，不管出家或在俗，法原本是正的，只是人心偏向于末，真正安心于正道的人，绝对没有末法的行径。

开启内心深处的明灯

对于我的师父——上印下顺导师的话，我是得一善而拳拳服膺，全心一志奉持，以师父为我内心深处的明灯。你们若能真正了解我出家到现在的这段心路历程，就能明白我所承传的师教，就是这句话"为佛教，为众生"，我将这句话尊为我的人生宗旨。今天的慈济，就是始于这句"为佛教，为众生"的启蒙深因，这不就是"合抱之木，发于毫芒"吗？我拳拳奉事，时刻不敢违离师父的教示，这就是我的宗法——敬师如佛，认为师父开示"为佛教，为众生"的话，就是我终生奉行的佛法。

"千里之路，始于初步"，最初的步伐若走得不稳，恐怕会有失之毫厘、差之千里的遗憾！因此大家须警惕戒慎，好好自爱，既然要修行，就要从最根本的"尊师重道"做起。

学佛须求正知正见

学佛、修净土，不能离开"孝"这个最根本的条件，除了以孝为宗、以孝为戒外，还要学习"奉事师长"。

学佛之基在重孝尊师

《论语》中有句话："弟子入则孝，出则弟，谨而信，泛爱众，而亲仁。"做人、求学，应从重视孝道，并由遵守"弟"与"子"的礼节做起。父母生我们一生一世的身命，师长却成就我们千秋万世的慧命——《法华经》的《方便品》中，舍利弗所说偈："佛口所生子"，意思是说父母生养我们的是血肉身躯，佛陀则以"口"宣法度众，成就众生慧命，师长亦是如此；师长是我们慧命的孕育者，所谓"千里之路，始于初步"——几千里的道路，必定要从第一步开始；学习也是如此，不管多高深的学问，还是源于师长的启蒙。所以,平常待人处事或求学,必定要时刻抱持谦让、恭敬的心。

莲池大师曾说:"生我者父母,成我者师长"、"师长之德重于乾坤,所以弟子奉事师长不敢轻慢。"佛教公案中,有佛陀为求法而"舍全身,求半偈"的故事;佛陀《本生经》里亦有很多类似这种舍身求法,为法忘躯的实例;又如"腰石负舂以继祖"的惠能大师,在学佛求道的过程中历尽千辛万苦,他的生活几乎都是在柴房、磨坊里度过,每天舂米、砍柴,任劳任怨地做各种粗活。普通人修行到"任劳"容易,但要做到"任怨"就比较困难了!后来他继承了禅宗六祖之位,实实在在是由自身的德行修习而来,可谓是"重道"的模范。

此外,也有为了求法而"投火聚以证菩提"的公案,如《华严经》中《入法界品》之善财童子五十三参,曾经参访一位观火入道的觉悟者,隔火向他请法,这位善知识说:"你既然要求法、问法,却不敢经过这个火坑,哪有办法求得法呢?"于是善财童子便纵身投火。这些都是亲身力行证得菩提的实例。

现在学佛的人，有些只是自我修学而不能身体力行化导众生；真正尊师重道的要法，除了自我修德外，更要锻炼勇猛、坚定、精进的心，以身体力行利益众生。经中舍利弗曾说："终身奉道，非报师恩。"也就是说，即使一生一世守在法里，尚不足以报答如来之恩，一定要"行菩萨道"，才能真正报如来之恩。

以清净面貌建立新人生

很多事情让我感触良深！曾经有一位在歌厅演唱的年轻小姐，由其姊姊和一位委员陪同来看我，她第一次见到我，便痛哭流涕，之后我回花莲时，她也跟着回到精舍住了几天。

过去的她，在舞台上被许多人捧得很红，海内外到处作秀。她身处五光十色纸醉金迷的娱乐场所里，样样精通；来到精舍后，她感悟过去的日子实在是颠倒迷茫的人生——在精舍里，每个人抱着虔诚的心，无所求地为人群奉献，这种毫无掩饰的人性"真"与"诚"的情感流露，让她非常感动！

以前的她，完全不能体会佛陀所说的"人生之苦"，直到参与慈济志工的服务后，看到医院许多真切的无常、苦难示现，这些苦、空、无常，让她了解人生苦谛，也开始重新思索生命的意义。她深感自己应该及时舍弃过去之非，从未来之是。于是毅然发心喜舍一百万元整捐作慈济基金；但她告诉我目前手头不方便，因为过去赚钱虽然很容易，可是在抽烟、打牌中，却也轻易地把钱就花光了。我告诉她："只要有这分善心，可以慢慢来。"但她回答我："不能慢！人生无常，今天我还有能力时，就得赶快做！"结果她回到台北后，便立刻将景美的一间店面卖掉，并把这笔善款送到本会。

从那时起她每天都来体会慈济精神。她努力改掉过去傲慢的态度与生活习气，诚恳地待人处事；她的改变，让周遭的人也一起感受到她的亲切、真诚与美丽——过去她虽然打扮得花枝招展，艳丽夺目，穿着最新流行的服饰，却得不到人们真正的喜爱；而最近两三个月来，她卸掉浓妆、换上朴素的衣饰，时时刻刻带着亲切的微笑，反而带给大家亲切和真诚的感受。后来她的同事和她一起来看我,并为她作见证:"我很感动,也很惊讶! 究竟是什么力量让她转变? 由于好奇,所以特地来见师父。"

事隔不久,她又来看我。她伸出手说:"师父,您看看我的手! 我深深记得到精舍交善款时,师父的眼睛曾仔细地注视我的指甲,虽然师父没有作任何评语,但我心里明白,这就是我虚浮的一面。所以回家后,我马上将指甲剪短,把指甲油抹掉。"

这就是尊师,也是重道! 我并没有训示她任何话,可是她认为师父的眼神就是教导的方针。所以她在言语动作中用心观察,以尊重、信受的态度来奉行师训,精进实践菩萨道。

佛法并非只能从师父在讲台上的开示中获得,像这位小姐即是因为透过自己的省悟,更进一步亲身力行与修持,心、行时时刻刻不离教法,才能逐渐让人感动、敬服! 所以,学佛不仅用耳朵听,还要用心观察,为人师者的一举一动,时时都在教导弟子。能得一善而拳拳服膺,时时奉守师教,就是时时行道。

耳闻目视莫非教育

耳之所闻，目之所视，无不是教育，但仍需慎重的判别所听所见的事。莲池大师说："应知出世投师，须求正见。"我们一定要谨慎选择良师，求得正见。要如何选择良师呢？孔子说："视其所以，观其所由，察其所安"，就是说我们不能只看一个人的外在言语动作，就断定他是怎样的一个人，应该仔细观察一个人行动后面的动机、目的，长期观察其言行，甚至看他独处时能否守规如仪？因为大部分的人在公共场所都能自我约束警惕，但在自我独处时便会松懈下来，因此"君子慎其独"，君子在独处时会更加谨慎小心自己的举止。

现在很多人只知道好高骛远，不知"道即在眼前"。所以，千里之路重在审慎这最初、最近的第一步，求师之道亦是如此。

我们要身体力行，修己善群，不可故步自封；若只是一味地追求佛理，而不能在现实生活中接受人事的历练，又如何能真正回归清净的本性呢？现在很多人只求理不求事,懂理而不懂事——只知"道理"而不知"事理"。做人能成功是因为能顺应事理,若违逆事理则容易导致失败。所以,能在人生道上通行无碍即是顺理;若在人生道上行不通,人与人之间都无法融洽、和顺、遵守礼节,那还谈什么"道理"呢?

确立学习的目标方针

不论学佛修行或做人修养,皆要尊师重道。若对师长欠缺尊重恭敬的心理,也就等于轻忽了自己向上学习的精神。

学习必须有方针,先确定自己要学习的,然后慎重地选择引导我们达到目标的教导者。各行各业都有专精擅长的师傅,例如对裁缝有兴趣者,确立目标、方向后,就要寻找一位手工精细、裁剪高明的裁缝师当老师,才能学得一手好的裁缝技术。否则,若想学裁缝,却找一位木匠师傅,那又有何用呢? 所以,择师在于己志,既然找到自己需要的师长,就要必恭必敬、贯注精神,认真学好这门功夫。

假如希望师傅能将毕生所学的功夫倾囊相授,一定要在学习过程中非常认真、用心,并且尊重师傅。如此,师傅才会不遗余力地将所有的技艺传授给弟子。如果弟子对师傅的态度轻慢,对所学的功夫不认真,即使多有涵养的师傅也会失望,最后弟子当然无法学得精湛的技艺。

学佛也是一样,佛陀的智慧超越世人所知,佛陀的教化是应众生需求而因材施教。为了教导众生了解佛陀所悟得的教理,古德乃将佛法分科别门,区分成各宗派别,修行者确立自己的目标方针,然后选择自己依止的宗门,一门深入。

总之,学佛最重要的是必须尊师重道,要依从佛陀所说的教法身体力行,不能只在口头论诵;虽然起而行总是比坐而言困难,但不付诸行动,就好像是进入药店看药材,而未将良药放进口中服用,如此,身心的病根本无法治愈。尽管"忠言逆耳"、"良药苦口",但众生的病一定要对症施药。修行即是如此,知道道理不难,然而要真正身体力行,就不太容易了!

社会上有许多进修研习的机会,出家修行与在社会中修学毕竟不同。出家修行没有文凭，且不仅只听讲、学习而已，而是为了收摄本性，将潜藏内在的良知启发出来，并且将良能展现；不管身心经历多大的磨练和考验，都能有始有终地坚持到底！

出世投师，须求正见

莲池大师曾说："应知出世投师，须求正见，参访请益，莫附邪宗。"起步需有人引导，因此不能没有师长；但我们请教法师或有修持、有学德的人，一定要非常注意他是否具有正知正见？听经时也要仔细选择真正能引导我们正确方向的人，绝对不可人云亦云，否则很容易附和邪宗——影直则以直为实，影曲则以曲为实；如此根本无法分辨本体形态究竟是曲是直，甚至误以为二者皆对。

身为佛教徒，要懂得运用智慧，因应时代力行佛法。有一则日本的小故事说：德川时代，日本天皇的大权完全被德川幕府的将军所执掌，有位江吉将军可说是当时日本的执政者，天皇只不过是傀儡而已。这位将军的母亲是位虔诚的佛教徒，但却无正见。

古时候的人重男轻女，一个人可以同时拥有很多妻室，因为大房（第一位妻子）所生的孩子不一定是男孩，所以将妻室中第一位出生的男孩立为父位继承人。江吉的母亲是第二房妻子，一心想生个男孩，因此她不断拜佛。后来经由某宗派的师父引导她祈求生男育儿的方法，她果真如愿生下一子，自己也由偏房高升正位；而她的儿子江吉长大后，也成了将军的继承人。

江吉的母亲不断灌输他一个观念："妈妈就是因供奉某宗门，才有今日的福报，你也应该虔信这个宗门。"江吉是个孝顺的儿子，他深受母亲的影响，所以也非常虔诚信奉。他长大成人后，继承将军的权位，为了事业以致晚婚方得一子；他的儿子在大家欢喜庆贺下诞生后，却不幸夭折了！为人父母者当然心痛欲碎，而老来得孙的祖母更是哀恸不已！

江吉将军想尽办法安慰母亲，都无法减轻母亲的悲伤。最后，他只好请自己虔诚信奉的两位大师入宫劝慰母亲。其中一位大师告诉她："你儿子过去生中多造杀业，因此招致你孙子短命，你们要多放生。还有你的儿子肖狗,若他想要官运亨通、掌握大权,唯有多护狗。总之,除了放生、护生外,还要对狗特别礼遇。"

江吉将军听了母亲和法师的话,便下令江户(德川幕府所在地)所有的百姓——不准吃鱼吃肉,不准杀生,对狗要礼遇,不仅不能杀狗,甚至要尊称狗先生、狗阁下,而且要让狗住华贵的狗屋,穿绸缎制的狗服。那个时代的人民大多家徒四壁,衣不蔽体,生活非常困苦,到处有饿殍。但是江吉对庶黎苍生却没有一点体恤、关怀的心念;反之,有人杀生,便施以严刑酷罚。

护生当然是善意,但是过于偏爱牲畜而无爱护生民之心,就是太执著了!

由此故事可知,一位佛教徒不仅是要有虔诚的心,且除了慈悲外还要懂得运用智慧判断,否则自己抉择错误,还误导了众生。故知"正知正见"对学佛者的重要。

选择良师，专心依从

参学求法，除了根本上要尊师、重道，同时还要秉持正知正见，才不致有所偏差。

人生苦短，普贤菩萨警众偈云："是日已过，命亦随减。"今日既过，生命亦随之减少一天；要时时自我反省过去不正确的观念、行为或思想，是否随着岁月消逝、寿命减损而日益减少呢？修行就是要日日精进，将过去错误的观念，一天天地修正减少，并将正确的观念充实增加，如此慧命才能增长。

佛教所蕴涵的教育，是人生最活泼、最实在的教育，是我们人伦、教育、文化的前导者。学佛，也应顺应不同的时代背景与潮流。今日社会教育普及，学识智力水准提高，不同于古代的生活背景，若仍停留在一般的民间信仰——"人家说什么，你就做什么"，这就不是宗教真正的宗旨。

择师要正确,用心要专注

在五浊恶世中学法,就是学习让心不受染著,而且能以超脱常人的智慧看待人、事、物;然而想要真正超俗,一定要有正见。

参学求法必须谨慎选择自己的方向与目标,以免产生偏差,否则,将会"差之毫厘,失之千里"。如果随众人云亦云,今天听这个法有道理,就开始用心于此;明天听那个法不错,又开始用心于彼;每天都处于开始学习的阶段,则永远停留在第一步而无法再往前迈进。所以选择必须正确,心念一定要专注,有了正确的选择,就要认真付诸行动。

特蕾莎修女为苦难众生付出的感人事迹,相信大家都非常清楚!她投注一生的时间,以悲天悯人的慈爱心照顾病苦垂危苍生,让他们感受到生而为人的尊严,这是她终身所奉行的宗旨。她伟大的爱心与胸怀,就是菩萨精神的表现。

大家都是抱着救济贫病众生的心来到慈济，慈济志业与特蕾莎修女的博爱精神其实是相同的。慈济人以佛陀大慈、大悲、大喜、大舍的精神为依皈，这是我们一生的理想。大家要尽全心、尽本分地珍惜把握人生，身体力行爱一切众生，这就是慈济人的正念。

慎选依止之师

修行要依循自己所选择的宗旨、志向，如果宗旨一偏，目标就差矣！人生几何？能有多少日子任我们蹉跎？所以，学佛修行除了宗旨、观念必须正确外，最要紧的就是慎择明师。

莲池大师曾经开示择师之道——"应知出世投师，须求正知正见；参访请益，莫附邪宗；要明罪福之因，审辨正邪之利；正则成佛，邪则成魔；是以如来知师非而舍去，子择师善者而从之。观古圣之如斯，何今人而不尔？"

这段文字是说明——佛陀的教法有八万四千法门，而我们一生中有多少个日子、多长的寿命让我们样样学习呢？所以，择善依从，专心正念才是修行的宗旨。

罪福不离身口意

学佛最主要就是要"明罪福之因"——明辨何者是罪业？何者是福业？

造罪或造福，都不离"身、口、意"三业："身"——杀、盗、淫；"口"——妄言、绮语、恶口、两舌；"意"——贪、瞋、痴，这些都是罪业的因。

能爱护生灵、不杀不淫，亲手遍布施，身体力行、爱护一切众生，生活守节无污染，这就是"身"的净业之因。至于"口"的净因，则是时时劝导、调和众生的是非纷争，令其去除恶念，趋向善道，这就是口的净业。若心能不贪求，常生施舍心；不生瞋怨，时时有慈悲、柔和、善顺的心念；不痴妄，时时向正确的道路行进，所谓"形正影端"，能心存正念，则身行必定端正，这就是"意"的净业。所以，要时时培养慈悲、喜舍、正念的心，这就是"福业"，修行的关键也在于此。

学佛能否邪正分明，在于"审辨"——仔细谨慎地分别邪正。身、口、意若正，则能成佛；三业若不正则成魔；

也就是说修行的观念正确,则一切动作、行为皆正;观念一偏差,则一切动作都是邪行、邪思,落入魔业。因此,必须非常小心谨慎!

"因"是由观念、心念、心田中所培养,种下正因则成佛,种下邪因则成魔。所以,学佛发心必定要非常慎重!修行者若能改正过去的陋习、错误的观念,行于正道,则能达到成佛、证菩提的目标;反之,如果不能舍弃陋习、修正自我偏执,到最后学佛不成反成魔。

吾爱吾师,当择善而从

"是以如来知师非而舍去"——释迦牟尼佛成佛之前,曾为太子,因为体悟到人间生老病死的苦,而舍弃荣华富贵离开皇宫。最初在外的五年,他到处参访婆罗门教,后来觉得此非解脱之道,所以立即舍弃。所以,同样的我们求师问道所依止的人,如果言论、行为不能合于人生正道,就应该再寻找正确的明师。

"子择师善者而从之"——佛弟子应该好好选择真正的正道、至道之师,并终生奉行正法。孔子在《论语》中明確地教导我们如何选择师长、如何尊重师道，并且教诲我们"择其善者而从之"、"得一善而拳拳服膺"，最后才能"就有道而正焉"。入世的教育都如此尊师重道、如此慎择师长，更何况是出世修行的人？

"观古圣之如斯，何今人而不尔？"——释迦牟尼佛在无数过去生、无量劫以前，即不断地出现人间、不断地以身行示法，教导我们如何修行、如何选择师长、如何舍身为人。佛陀时时刻刻现身于人间，可惜凡夫肉眼无法看见如来真法身。孔子与佛陀都是显现于世间的古圣先哲，他们的行谊一直流传至今。今人为何不能效法圣人之节，追从圣人之迹呢？

我们不妨仔细观察周遭人的言行举止，所谓："三人行必有我师焉，择其善者而从之，其不善者而改之。"何者是善？何者不善？大家必须好好用心分别。

悟得正道，一生依止

灵源禅师曾引先哲的言论教导后学："学道，悟之为难；既悟，守之为难；既守，行之更为难；今当行时，其难又过于悟守。盖悟守者精进坚卓，勉在己躬而已；唯行者必等心死誓，以损己益他为任。若心不等、誓不坚，则损益倒置，便堕为流俗阿师。是宜只畏。"

"学道，悟之为难"——是说要真正体会道理中的精粹，实在不简单！所以孔子说："朝闻道，夕死可矣！"早上若能听到一句真理，深加体悟，并且心与理合一，即使晚上死了也不遗憾！一般人常常在听道理、讲道理，但是有多少人真正体会道理中的真髓呢？所谓"得一善而拳拳服膺，日于斯，夜于斯，时时刻刻行于斯。"能够早晚时时刻刻依理行事，日常生活中的一切言谈举止、行为动作合于道理，就是真正体悟道理的真髓了。

我创办"慈济功德会"的目的，就是"为佛教，为众生"，这是我遵从师教所体悟的真理，也是我一生依止与遵循的法则；然而要真正体会为什么要"为佛教，为众生"，必须先体会人生的真谛，能体会就叫做"悟"。

"既悟，守之为难"——要一生一世固守所悟得的道理，热心不退、恒心不减地坚持下去，实在很难啊！不过，在慈济这个团体里，以精舍常住众为例，他们任劳任怨，为了志业工作而默默奉献毫无怨言，这就是"守"；工作同仁以"志业"的精神投入"职业"，不计较时间、工作分量，专心致志奉献一己之力，这也是"守"——守其职志。至于慈济委员呢？慈济志业创办以来，每月增加不少委员，他们不是三个月、五个月短时期的发心，而是持恒常心，一年三百六十五日，日日为慈济的济贫教富工作努力，这也叫做"守"。他们能够体会佛陀的慈悲、体会慈济志业的深远意义，因此身体力行此志愿，这就是"悟而守之"。

甘愿做，欢喜受

"既守，行之更为难"——守持善法后，要进一步力行时，也是很困难！

然而，慈济人长期不断地为志业努力奋斗，不管风霜雨露，不论烈日酷阳，一样奔走于长街陋巷。这股精神与毅力，让很多困难的事迎刃而解，这就是菩萨精神的发扬。只要甘愿做的事，即使再困难艰巨，都能欢喜信受、乐意奉行；如果是不情愿做的，即使再轻松也觉得困难。

"今当行时，其难又过于悟守。盖悟守者精进坚卓，勉在己躬而已"——修行者当其开始将所悟得的善法付诸实行的那一刻,才深深觉得比悟道、守道更加困难!因为这是从自我勉励进一步到力行实践的阶段。能够一生洁身守志,将身戒规矩守好,坚定心念,不要一曝十寒、朝秦暮楚,三天精进而七天懈怠;这也都只是"勉在己躬而已"——勉励自己亲身做到而已;虽然做到身体力行,却也只是独善其身而已。

在慈济世界里,大家应该感到很欣慰。每个人持守"难行能行"的志节,那么一切的"难",似乎都不再是困难!

贯彻利益众生的誓愿

"唯行者必等心死誓,以损己益他为任"——修行的人,要立下誓愿,以平等心、平常心做好自己的本分事,不可认为"我会做的,你不会做"而心生骄傲。这种利益群生的任务不只到死为止,佛教有"倒驾慈航"的说法,不仅要一生一世不改变心志,还要有来生再续未竟志业的誓愿,再回娑婆世界续任济助苍生的工作。

　　有人问我:"师父,你以后会往生极乐世界吗?"我毫不考虑地回答:"我不要到西方极乐世界,我想再转生为人,因为人间需要我们!"每个人都应该要有这种以牺牲自我、利益他人为责任的誓愿,而且坚持贯彻,永不改变心志!

　　"若心不等、誓不坚,则损益倒置,便堕为流俗阿师。是宜祇畏。"——若无平等心、誓愿不坚定,一心以利益自己为前提,则容易颠倒是非损害他人;只要一念心颠倒,行为就颠倒了。所以说"是宜祇畏"——种正因则得正果,终至成佛;若种邪因,就会走入偏邪的魔道成为魔。对于这种因果循环,应该心生警惕啊!

　　在学佛路上悟守与力行,虽然世人以为困难,但修行之人如果能择师而行、择善而从,事事勇猛精进,那么一切则不以为难。

事师应如事佛

选择一位良师,对我们的修行目标影响很大! 一个人的见解和修行方向若正确,则能达到成佛的目标;若选择上有所偏差,被误导入邪知、行于邪行,那么,尽管你很努力、用功,所达到的只是魔的境界。所以,选择良师一定要很谨慎。

学佛路上,有难得遇佛、难闻正法……等八种障碍,叫做"八难处"。天福再大,亦难免六道轮回,不如人间得闻佛法、得修解脱道。学佛不是要求长寿,而是为了"来去自如"——三界六道中,何处与我有缘、何处需要我,我便发愿前去,缘尽我也了无牵挂地离开,这叫"来去自如";该来之时我就来,该去之时我便去,不受到"缘"的束缚,也不受到"缘"的阻碍,既不受阻碍也不受缠缚,这就是解脱。

学佛最主要的目的，即是能发挥自己的良能。众生需要我们，我们就应众生之需，发挥自己的良能，此即真正的学佛，也就是佛陀来人间设教说法的目的。所以，学佛不可附于邪宗；若附于邪宗，不管我们如何努力修行，终究落入魔的境界。

世智辩聪难为道

孔子教导弟子要择善者而从之，莲池大师也说："子择师善者而从之"。过去的人大部分都能尊师重道，对于师长的教法拳拳服膺；反观现在，放眼天下，世智辩聪的人比比皆是——每个人都说自己聪明、见识广博，世间之事无所不知，口头上的论调也很高，但是他又真正能做到多少呢？满口喊着制度、原则的人，究竟自己能不能成为组织中真正最负责的人？负起应尽的责任？实在是个问号！

现在的人多数都是世智辩聪者，只限于口头上的论调，没有几个人能真正体悟道理，进而身体力行。难怪灵源大师慨叹：古时圣贤皆以"一日为师，终身为父"的恭敬精神尊师重道,而现在能体悟的人不多,能守道的人更少,而能守持正道又能身体力行的人,更少之又少!

二祖立雪为求师

佛陀教法延续至今已二千多年,二千多年的历程实在很长!随着人事的演变、人们思想的偏差,而将佛陀的正法不断变易,不但佛法的原意走样,连人们心理上接受的程度也不同。现居末法时代,邪思横行,人的思想变迁,佛陀的正法也被曲解!不免有邪思邪见者喊着佛法的口号到处讲经,使听经的人失去正确的准绳。此即末法,亦是法的偏差。

佛陀教法是真正千古不变的,所以叫做"经"——纵直之线,没有偏差;不管经过几千年,绝对不会改变,但是后人将它引用偏差,导致教导上也产生偏差;因此,我们择师要非常谨慎,师长的脚步若有差错,我们难免也跟着错了!

总之,真正的修行,绝对不可亲近思想偏差的邪宗邪师,所以莲池大师苦口婆心地交代我们"择师"不可不慎!

如果尚未寻得人间适用的正法,灵源大师也告诉我们:"但存正念,终得明师",只要心中存有正念,自然可以遇到明师。"要了大缘,甚莫容易。"真正有心学道,了脱生死、体悟佛法的人,要抱持着"明师难求"的心,决不可有轻视、以为容易的心理。如此,才可以真正得到悟道、守道、行道、得道的功德。

现在有不少人怀着这样的心理:"我来此处求访明师、想要出家,你好像不鼓励我,也不太理睬我。既然如此,这个时代到处都有师父,此处不留人,自有留人处,你不收我作弟子,别处还有很多人想要我呢!"

现在的人十之八九都是这种心态,过去的人就不是这样。如果是对心目中所尊重的师父,不仅恭敬求法,甚至喜舍身命,用最诚敬的心意来感动明师。例如禅宗的二祖慧可禅师,为了求一句真理,可以七天七夜站立于雪中,任风雪飘飞、冰霜冻寒,雪没及膝,仍然矗立等待,只为了向达摩祖师请示一事——"如何是我本来的面目?"为了觅求一位明师,绝对不敢掉以轻心!所以,我们一定要以真正的恭敬心,谨慎地追随指导我们的明师。

弟子事师如事佛

"是故弟子事师，即同事佛也。"——师父如同现代的世尊，弟子奉事师长，应该像敬佛礼佛一样。我们为什么尊敬佛陀？因为佛陀教导我们、造就我们的慧命，依照其教法实行，可以得到慧命的解脱，所以我们敬重佛陀。但是佛陀已经过世了，你跪在佛像面前求他、问他，他也无法作答；你做错事，他也不能指正你。然而，在生活周遭却有一位真正的活佛——师长，为什么不懂得去礼敬呢？心中有疑问，师长可以帮你解惑；有错误，师长会帮你修正；日常生活可以依照师长的戒法规则实行，这不正是"现在的活佛"吗？

修行人更应如此！弟子应该事师如事佛，遵守师规——出门前先告假，入门后赶紧销假，免得让师父担忧；师父要出门时应该送驾，入门时应该接驾。出入威仪规矩，是宗教中不可轻忽之处！

现在的人就不如此了！入座的时候，自认为"我先进来就先坐下，师父站着也没关系，反正是自己的师父嘛！

熟不拘礼。"要出去就出去,要回来就回来,认为"反正这里是自己的常住",要出门的时候才说:"师父!我要到某处去。"私下以为:"我已经穿戴整齐,你非答应不可!因为我不出门不行,跟你讲一声已经很好了。"

过去的弟子不是这样,有事情要出门,自己不敢做决定,必先请示师父的意思,而且非常遵守时间回来。现在有些为人弟子的,甚至只吩咐别人说:"你跟师父说一下,我出门去了!"到了远地才又打电话回来:"你跟师父说,我几天后才要回家。"相形之下,似乎师父连朋友都不如;既然目中无师,心中哪有"道"的存在呢?事师应该如同事佛啊!

四事供养莫辞劳

所谓"四事供养,莫敢辞劳"——四事是衣、食、住、行。衣着方面,冬天时体念师长有没有暖和的衣服;夏天到了,关心师长有没有薄凉的衣服,事师像侍奉父母一样的体贴关心。食呢?关心师父吃得下否?吃得饱吗?营养丰富吗?生病时是否服药了?尽力做到饮食汤药的侍奉。此外,师长睡的地方是否温暖?出门时行动是否方便? ……总之,对师长的衣食住行,身为弟子者必须要真正用心!

为师长服务,并非供给他许多物质上的享受;金钱与物质对一个有修行的人而言,一点也不发生作用。为人弟子者应该身体力行,以谨慎的态度恭敬礼遇师父,这样才是真正的"尊师重道"。

三、慈心不杀

欲知世上刀兵劫,但听屠门夜半声

爱护、尊重一切生命

欲知世上刀兵劫，但听屠门夜半声

由前面篇章，我们知道修"净因"的第一要，除了"孝养父母"、"奉事师长"外，学佛者还必须学习佛陀的慈悲心——"慈心不杀"。因为一切蠢动含灵皆有佛性，凡是有情生命皆怕死，自己如此，众生也是一样。所以我们发菩提心，就是要有恻隐心；恻隐心就是仁心、爱心、怜悯心。有了仁心、爱心就不会去伤害众生生命，并懂得以怜悯心去爱护众生，同时长养我们的慈悲心。佛教尤其讲慈悲，慈悲也就是大爱，它包含一切。所谓"心包太虚、量周沙界"，意思就是我们的爱及心量应该包含天地万物、一切生灵；不管是人类或动物的生命，我们都要爱护和尊重。

世上刀兵劫源自口腹欲

古时候，佛弟子曾问："为什么天下会有战争呢？什么时候才能刀兵息止？天下何时得太平呢?"古德回答："你们若想知道什么时候天下太平，先去听听屠门夜半之声吧！只要屠门不再传出凌厉的哀嚎声时，刀兵之劫才能平息！"

因为以前杀猪都在半夜，不知大家是否听过猪被宰杀时的尖叫声？可能现在听不到这种声音了！现在都采用电动杀猪，将猪赶进屠宰场，一直到作业完毕，连肚肠等内脏都清除干净，根本不需人力。

然而从医学、科学上发现，很多疾病都是从肉类细菌所传染。报纸和电视新闻中也曾报导过，台湾曾因牛只供应不足，从国外进口牛只，但在检疫时，却发现都是带菌病牛，既不能杀来食用，也不能继续饲养以免传染，只好想办法将病牛消灭和烧毁，不但肉不能吃，连细菌都要烧灭。

这是检疫外国进口牛只时，发现带有病菌的情形。

而台湾地区饲养的猪、牛、鸡、鸭有没有病菌呢？答案是一样的。所以，为了我们的身体健康，最好不要食用。这也是一种恻隐之心。孟子说："见其生不忍见其死。"它活蹦乱跳时，根本不忍心看它被杀、见它横尸；"闻其声不忍食其肉"，孟子经过屠宰场时，听到猪被杀时发出的哀嚎声，那天绝对不敢吃猪肉！这就是孟子的仁，他的恻隐之心。

杀生是件非常残酷的事，不论牛、羊、鸡、鸭或是鱼、虾、螃蟹，被人捕捉捆绑即将宰杀时，它们知道将受刀割火烹之苦，心中的那种恐惧，真是难以言喻啊！而利刃割身之际，更是痛苦至极！人类为满足口腹之欲，以残酷不仁的手段残害众生性命，使众生血流成河；而它们与人类一样具有灵性，既被杀，必含怨，有怨必有报，因果轮回、冤冤相报即化为刀兵之劫，致使人类自相残杀。所以，天下的战乱灾厄如何平息呢？

我们是学佛者，应该具有慈悲的心念，更何况众生常轮回于六道中，说不定餐桌上的猪、鸡、鸭……就是我们过去生中的父母眷属，我们何忍为了口腹之欲而大食其肉呢？

　　所以不忍食众生肉即是持五戒，也就是爱心的发挥。五戒是佛弟子必须遵守的五种戒法，如果初学者认为很难持守，其中的"杀"与"酒"戒要先受持。"十重易犯，且持不杀一门。""十善"也是学佛者要遵行的十种善法，若认为很难做到，最好先持不杀，以培养我们的慈悲心，一个人有慈悲心自然就会有善念。

　　总之，持守不杀戒即是请佛住世、请转法轮；若能以"不杀"为基础建立十善业，培养慈悲善念，正法即能久住。

爱护、尊重一切生命

放生的意义

"仁"是爱的意思，"爱"就是护生，付出爱心保护生灵，而不是刻意求仁，让别人说我有慈悲仁念，这不是真正的仁。

佛陀教我们"护生"，并不是无谓的放生。放生是"见之而不忍杀之"，所以"放其一条生路"；能同情贫苦的众生，付出爱心帮助他们，同时启发、阐扬人性良善的一面，这样才是正确的护生与放生。

曾经有位弟子的先生往生，我知道她家境清苦，再三交代她：人既已往生，除了要节哀顺变，最重要是要虔诚念佛以慰亡灵，仪式尽量隆重俭省，不要铺张浪费，要多为生者着想！她依照我的话去做，不断地念佛，而丧葬费也很俭省。

但是,后来她不知又听信哪位人士之言,花一万元为亡夫"放生"!她的经济困苦,这些钱对她的家计和孩子的学费应该帮助很大,或者对社会上许多贫病众生帮助很大,可是她却将这笔钱购买鱼鸟放生,这种作法真是颠倒啊!

放生并非坏事,但必须选择正确方式,并非去购买商人刻意捕捉来供人"放生"的动物,因为这样等于间接鼓励商人"捕捉"的行为,反而残害了那些动物。所以我们要分辨清楚真正的护生、放生的意义,同时懂得如何去利济众生、爱护生灵,尊重一切生命,如此才不至于盲从、偏差,这才是我们要学习的正确佛法。

爱惜生命,即是孝顺父母

生命是平等的,不分贫富、健康或缺陷。只要是生命,都值得尊重。

然而,有些人身体健康却不懂得尊重、爱惜自己的生命。

最近社会上时常听闻有些年轻人动不动就自杀、跳楼，我也接到不少有关自杀念头的个案。是不是现在的社会太富裕了，年轻人追求的理想太高了，所求不得而乱了自心，以至于糊涂地发生了悲剧。

我常说，我们要尊重生命，除了尊重一切的生命，也要尊重自己的生命；如果不知道尊重、爱惜自己的生命，轻易的就以"自杀"来伤害自己，殊不知自杀所犯的罪比杀人罪业还重！因为我们的身体是来自父精母血结合而成，父母生我、养我、育我、哺我，花了不少精神，所以我们不可任意毁伤自己的身体。自杀不但是杀生，而且还背负了"不孝"之罪。

自杀所犯的罪业有三：

一、造杀业之罪。

二、犯不孝罪，杀害父母所赐的身体。

三、犯遗弃父母、丈夫（或妻子）、子女之罪。

死，是带着今生所做的业，开始另一段生命，并不是就此一了百了。所以，自杀而死的人，如果业报未尽，来世仍会继续受苦！

我们既然来到世间,就要珍惜生命的"使用权",勇于面对现实,不可轻易放弃自己,任何身病、心病都要勇于化解,不可逃避。

孔子的弟子曾问孔子什么是孝? 孔子答道:"父母唯其疾之忧。"父母最关心的是子女身体的疾病,不让父母操心烦恼就是孝顺。想想,"杀害生命"就已是造杀业了;更何况"自杀"又加上毁伤父母的心,真是罪上加罪!

人身难得,有了人身的良能就必须为社会付出,不管多大的苦也要忍耐! 愈是奋斗出来的人生越有价值,如果动不动就为情、为名、为利寻死,真是太不尊重生命了,也抹煞掉自己的良能。

人生的"乐"与"苦"皆视心念而异,能知足就会知福;以感恩心为人群付出,就能欢喜自在。总之,要尊重自己的生命良能,把握分秒尽力付出,以大勇大爱来突破心灵困境!

仁心爱物而仁著

做人以仁爱为自己的本分,在日常生活中培养爱心,对有生命、有气息的众生,我们应该付出爱心,更要尊重其生命。一如与我们生命共同体的地球,它也和我们一样需要健康、需要呼吸,地球的呼吸仰赖于树木,因为树木能吐新纳垢、过滤空气中的浊气,转化清新的氧气供给人类吸收;所以为了人类健康,就必须好好照顾地球、保护山林,维持地球的良能。

最近我在杂志上看到一桩令人欣慰的真人实事,这是一个大自然"起死回生"的故事——

在南部嘉义地区有个农场,它的农地因为过度使用化肥和农药,使得土地呈现一片死寂,感觉不到任何的生命迹象。因为如果不使用农药会引来更多的虫害,这些虫害就会影响周围农作的生长,而招来邻地农夫的抗议。

所以,这位学佛的农场经营者从前一任的经营者手中接手后十分困扰,眼见不使用农药的蔬菜被虫子吃得一塌糊涂,所有的辛苦全都泡汤,内心真是矛盾和懊恼!但是他的师父告诫:"唯有坚持不杀的理念,业才有转变的机会。"每当他对虫子啃蚀蔬菜的瞋恨心生起时,师父的话就在耳际响起;心渐渐平静下来,他用大悲水灌溉蔬菜,并试着以平等心、爱心去对待虫子,代他们皈依、祈求、回向,无形中消弭了自己与虫子对立的心。就这样,虫害情形减少了,种的菜也有所改善。

才半年,小小的农地恢复了生机。首先出现的是蚜虫,慢慢的又有了瓢虫、蚂蚁,不久又见草螟蛉、蜘蛛,最后布谷鸟、麻雀、白头翁都跑来作客,田蛙也在菜园呱呱呱,六百多坪的农场鸟叫虫鸣,花香、菜香,生气盎然!自然界的生命现象,又在这土地上重新活跃。

这一切的转变,令这位学佛者对佛法更具信心,对师父的大悲心更加赞叹!也令附近的农夫加入这种"有机"农作的耕种行列。

世间万物皆有生命,也各有良能。所以,我们一定要爱惜天地间的一花、一草、一木。

除了有生命者,甚至连一切无生命的物质,我们都要有一分爱心,小如你周遭身边的随身用品,大如公共场合的公物,因为你爱惜物品,自然动作轻柔,能用心地好好维持它的寿命;例如开门、关门这件事,在公共场所出入的门很容易损坏,为什么?因为大家没有好好的使用它。

如果人人在日常生活中,皆抱持着"手在动作时,心就在手上"的态度,轻轻开关门户,自然能维持它的使用度,善加发挥它的功能。

所以,在平常时日我们就应该学习培养对人、对物的爱心与仁念,如果对一切无生命的物质都能轻柔细心,更何况是对人呢? 若能如此,你就是仁者,不需要求仁而得仁,仁心自然显著!

四、修十善业

三皈五戒是学佛根基

十善是为人的根本

三皈五戒是学佛根基

珍惜得以听闻佛法的福缘

世间的苦难灾厄，总是诉说不尽啊！透过传播媒体，我们知道——有的国家经年战乱，人命如草芥；有的国家旱潦连年，饥馑困顿；或是突遭灾变，人民生命、财产毁于片刻之间。相较之下，台湾地区可说是丰衣足食、物质不缺。

所以，希望大家在爱护尊重一切生命同时，也能够知福、惜福——珍惜生于富足国度并得以听闻佛法的福缘，赶紧发菩提心、修菩萨行，直往成佛目标迈进，令过去所种的福因开花结果，绵延不尽。

人生多苦，众生皆受业力牵引，迷茫流转。我们既发菩提心，就要及时依照佛陀教理了彻人生之苦，抛开欲念、贪爱、瞋恨、疑惑、愚痴等等使觉性迷乱的因素,力行菩萨道,堪忍世间的苦难及折磨,为众生付出,藉人与事的磨练来洗炼心地。

修菩萨行,须先"皈依三宝"——佛、法、僧;次持"五戒"——不杀生、不偷盗、不邪淫、不妄语、不饮酒;渐修"十种善法"——身三善法、口四善法、意三善法;圆满"三聚净戒"——摄律仪戒、摄善法戒、摄众生戒。

首先,谈谈皈依三宝与持守五戒的意义。

一心皈依佛、法、僧

要做一个真正的佛弟子,必须精勤持戒,而持戒之前须先皈依三宝——皈依佛、皈依法、皈依僧。

皈依的"皈"字是两个字组合而成,一字是反,一字是白。"反"是"返"的古字,两者意义相通;"白"代表清净、光明、善良。"依"是依靠的意思。所以"皈依"就是舍弃过去不正确的观念和不正当的行为,一心依靠佛、法、僧,诚恳勤勉地修习善法,回归人人本具的清净佛性。

为什么每位佛弟子都应该皈依佛、法、僧呢? 因为——我们的教主释迦牟尼佛，是了彻宇宙究竟真理的大觉者，他所宣说的教法，能作为我们身心的依靠；我们只要依照佛陀的教导来修练心性，遵循佛陀所定的戒规，就能启发本具的佛性，具足大慈悲与大智慧。所以，佛陀是我们身心所皈依的人。

虽然佛陀已经离开人间两千多年，但是他所开示的教法仍然留传于人间；只要我们衷心信受，就等于佛陀亲自教导我们。这就是皈依法。

佛陀的教法精深，一般在家学佛者为了生活忙忙碌碌，无法全心全意修学佛法，所以必须依靠专门研究佛陀教理，而且过着严格修行生活的僧伽来引导；更何况僧伽是佛陀法脉承续者，担负弘扬佛法、普度众生的使命，所以应该要皈依僧。

能受三皈依，才是真正发菩提心、修菩萨行的正信佛弟子；之后，必须进而持守五戒——不杀生、不偷盗、不邪淫、不饮酒、不妄语，也就是儒家的"五常"——仁、义、礼、智、信；这是每位学佛者应守的戒规，也是做人最根本的原则。

持戒不杀,不求仁而仁著

在前面的篇章中,我们已将"慈心不杀"的因果剖析明白,知道"不杀"乃"五戒"之首要,"不杀生"即是"仁"。

人皆怕死,难道其他的生灵不怕死? 人知道痛苦、害怕痛苦,难道其他生灵不知痛、不怕痛? 孟子曾说:"见其生不忍见其死,闻其声不忍食其肉。"不忍见众生承受惊忧、恐怖、惧怕之苦及椎心刺骨之痛,就是"恻隐之心",也就是"仁心"。若能在日常生活中时刻留心护惜生灵,就是仁者,不需求仁而自然得仁。

持戒不盗,不忻义而义敷

"不偷盗"即是"义",如果能守好不偷盗戒,则不需刻意追求,义理自然显现在言行举止中。

学佛的人应该看淡物质享受,专心修习佛法。平日生活能够吃得饱、穿得暖、住得安稳就可以了,还有什么可贪求的? 何必为了名闻利养去做不义之事? 学佛者若能调伏欲念,简朴度日,并进而喜舍布施,利益人群,不需要刻意追求,即能将义理广泛地流布弘扬。

不淫者,不忝礼而礼立

儒家五常中的"礼"即是佛教五戒中的"不邪淫",也就是男女之间的礼节。出家的比丘、比丘尼,须守清净不淫戒;在家学佛的男、女居士,则应遵守一夫一妻制,丈夫忠于妻子,妻子恪守妇道,彼此负责,并且共同担负教养子女的责任。

如今社会上男女之礼衰微,造成很多社会问题。报纸上曾经登载,一个年仅九岁的孩童,原本跟随父亲在台东生活,后来自己流浪到花莲,结交了一些不良少年而学会偷盗。一日被警察抓到,询问之后,才知道他流浪来花莲是为了寻找母亲——他的母亲原是有夫之妇且育有子女,后来与他的父亲发生了不正当的感情,同居而生下他后,将他丢给他父亲抚养,自己回花莲与丈夫及孩子一起生活。

像这样的例子,在社会中真是时有所闻啊!这就是废弃了男女之礼,才会造成家庭及社会问题。若学佛之人个个守好不邪淫戒,而社会大众也重视男女之礼,则我们的社会就能礼立义扬,清净祥和。

不妄语者,不慕信而信扬

一般人说话常常不负责任,不考虑后果;我们必须了解,一个人在世间,必定要言而有信、守好口德,才能得到别人的信任、敬仰与爱护。所以只要守好"不妄语戒"——不妄言、不恶口、不两舌、不绮语,就能自然而然建立起诚信的品格与名誉,受人信任与尊敬。

不妄言是不说虚假、欺骗的话,也就是"能说能行,言出必行"。不恶口是怀仁厚之心,口说和雅温柔之语,使人内心喜悦而真诚地信服。绮语是好听却不诚恳的话,就是所谓的"巧言令色";《论语》学而篇中有言:"巧言令色,鲜矣仁!"《论语》卫灵公篇也提到:"巧言乱德",可见说了动听却不诚恳、不切实际的话,会丧失操守、惑乱人心! 两舌则是曲解事实、搬弄是非,将原本单纯的事变得复杂,不但伤害别人的心,使别人起冲突,更会造成人心不安,破坏团体和谐的气氛;所以希望诸位莫有"两舌"的行为，并进而以"知足、感恩、善解、包容"来圆融人事。

开口动舌，无不是因、无不是业；学佛若想得正果，对于"因"的造作必须非常谨慎！所以对人说话要审慎思量，因人、因时、因地制宜，不可得意忘形，随便乱说。

"不妄语者，不慕信而信扬"，一个人若谨慎于言语，对自己也对别人负责，则不必刻意去呈现"信"，信的德行自然能弘扬起来。

不饮酒者，不行智而智明

众生皆有佛性，原本具足无量的清净智慧，可是为什么大多数众生都是昏昧无明呢？原因在于迷乱了心性，使智慧之光被层层心垢掩盖，以致隐晦不显。

什么最容易迷乱人的本性呢？就是酒。心性一乱，智慧就迷了！所以要开显明睿的智慧，首先必须守不饮酒戒，保持本性的清明。

或许有人会说："我根本不喝酒，为什么智慧仍然很浅薄？"今生今世是没有喝酒，但是可能在过去生中有这种习气，致使今生不能拥有真正清朗的心性。过去生中既然有这种习气,此生一定要好好守持戒律,绝对不可饮酒乱性;如此一来,智慧自然能慢慢地开显、明朗。

如斯修因,不期果而果证

以上是五戒,也就是五常、五德——仁德、义德、礼德、智德、信德。要得五德,必须先持五戒;戒是因,德是果,只要好好修因,自然能证果。

可是修因不是一开始便能得果,我们应以农夫耕种的精神,专心一意地用心修持五戒,只问耕耘,不问收获!不能存着还没种因,就想结果的心理。只要我们时时刻刻将全部精神放在眼前应该做的事情上,不执著过去、不妄想未来,自然能够身心轻安,将来必有所得——获得真诚而深厚的品德涵养。

❦ 十善是为人的根本

大家知道学佛根基乃由持守"五戒"做起,"五戒"就是防止我们犯错;持守了"五戒",等于是力行了"十善"。

"十善"是五戒的延伸,乃身、口、意三业所行的十种善法,与"十恶"是相对的,离十恶则成十善。

十善包括:"身"三善法——以"护生"离"杀生"、以"布施"离"偷盗"、以"戒淫"离"邪淫";"口"四善法——以"诚实语"离"妄言"、以"柔软语"离"恶口"、以"调和语"离"两舌"、以"质直语"离"绮语";"意"三善法——以"不净观"离"贪欲"、以"慈悲观"离"瞋恨"、以"因缘观"离"愚痴"。

身、口、意朝善的方向,则可以行十善法,累积福德智慧;若偏向恶的方向就造十恶业,将来苦果难免。所以,大家在日常生活中必须注意自己的行动、语言及心思,远离十恶，成就十善。

护生、布施、戒淫

"身"三善法，就是五戒中的不杀生戒、不偷盗戒及不邪淫戒。

"不杀生"是不伤害众生的生命，因为恻隐之心，人皆有之。每个人的本性原都具有"慈悲"，犹如明月常在虚空中，可惜往往被乌云——"无明"习气遮蔽，不仅对众生的苦难视而不见，甚至为了私欲残害众生的性命。如何才能让本性中的慈悲显现出来呢？只要在日常生活中用心观察、体会众生的痛苦，就能逐渐启发心中的慈悲——大爱，不仅不忍心伤害众生，更会积极地救生、护生，这就是仁心、菩萨心。

"不偷盗"是不取不义之财，除了不偷、不抢之外，对社会人群有害的事业也不能去做；并且取之于社会，用之于社会，积极地布施行善，造福人群。

"不邪淫"是比丘、比丘尼须守清净不淫戒，一般社会人士应遵守一夫一妻制，妻子恪守妇道、丈夫忠于妻子，彼此相互敬重，共同负担家庭责任。只要社会大众重视男女之情操、礼节，就能减少许多家庭和社会问题。

以"诚实语"离"妄言"

凡夫容易因"声"与"色"的迷惑而心乱，"声"就是语言声音，所以必须修口的善业，以免自误误人。

"口"四善法就是五戒中的不妄语戒，即不妄言、不恶口、不两舌、不绮语。

妄言是虚假、欺骗的话；自己不曾做过或没有办法做到的事，却说得天花乱坠，就是妄言。

佛陀在法华会上，鞭策一些"未得谓得"的弟子，说这种行为是最大的妄言。所以大家应该时常反省：告诉别人的事，确实有做到吗？有没有夸大、虚伪的成分？希望别人做到的事，自己做得到吗？平时有没有鞭策自己身体力行？做承诺之前，可曾深思熟虑是否自己确实可以做到？是不是信口开河？

除了平日待人处事必须"口出有实"——说诚实语之外，讲经说法也必须如理如法，并且身体力行。古言："如人饮水，冷暖自知。"真正体悟并力行佛陀的教法之后，才能谈论自己的经验，不可"未得谓得"，自欺欺人。

总而言之，能够做到"能说能行，言出必行"，才是诚信负责的人。

以"柔软语"离"恶口"

恶口就是口出粗鄙不善之语，使对方感到苦恼；柔软语则是温柔和善之语，能安抚人心，使人衷心喜悦而真诚地信服。

许多人都知道谩骂、侮辱别人是不对的，却时常"得理不饶人"而不自觉。如果因为自己的见解比对方正确或自以为有理，就"理直气壮"，愈说愈大声，随意批评人，甚至开口骂人，这也是恶口！

此外，也不能"自我诅咒"。例如人家如果说："你真好命啊！"一般人就会回答："没有啊！我哪有多好命？"这是自我诅咒！大家应自我祝福、自我鼓励，朝善的方向好好努力。

口出莲花度人入善门，或口吐毒蛇与人结恶缘，只在一念之间。若能改掉说话大声、言词粗鄙的习惯,以柔言爱语促进人与人之间的和谐与情谊,并且"理直气和,得理饶人",自然所说的话都能得到别人的信任,所说的道理也能使别人欢喜接受。

以"调和语"离"两舌"

心怀仁厚,以"调和语"连系人的感情,圆满人间的事相,就是口的善业;若搬弄是非、到处加油添醋,破坏别人的感情,或使原本单纯的事变得复杂、难以解决,就是口的恶业。

种了搬弄是非的因,将来会得到烦恼的果报——子女不听话,周遭的眷属时常争斗……因此若希望将来得到善果,必须非常谨慎,多种好因,不可离间人与人之间的感情或制造是非。

希望大家在日常生活中牢牢地记住因果观念,时刻圆融善解别人的过失、隐恶扬善,促进人与人之间良性的互动;如此才能得到别人的信任与尊重,并且协助团体维持清净祥和的气氛。

以"质直语"离"绮语"

绮语是好听却不真实、不诚恳或没有意义的话；质直语则是朴实正直的语言。

如今社会中许多人迷恋于声色之乐，喜好谈论风花雪月、玄奇神妙之事，不喜欢听正直纯朴的言论，也不喜欢听朴实无华的道理；如此不但误了自己，也会影响到周遭的人，形成恶的循环。

其实，很多人习于"绮语"而不自觉。大家可以仔细想一想：平日与人相处时，是否经常随口说些好听的话来讨人欢心，可是内心并不真诚？是否经常以男女情爱、美色名利……作为茶余饭后闲谈的话题？别人谈论鬼怪神通之事时，自己也曾去凑热闹？是否曾经为了达到自己的目的，随口说些不真实的话来敷衍甚至欺骗别人？……这些行为，都是误人又误己啊！

"四摄法"中的"爱语"，与绮语完全不同。爱语是温和慈爱的言语，发自于内心的慈悲与智慧，目的在于引导众生走上光明善良的道路；绮语则是为了满足私欲，以甜蜜而不诚恳的话语来迷惑别人。

开口动舌,无不是因、无不是业,希望大家以"开口即是纯良正直之言,动舌即是温和慈爱之语"来自我期许,在日常生活中处处用心!

以"不净观"离"贪欲"

"意"三善法包括——以不净观离贪欲;以慈悲观离瞋念;以因缘观离愚痴。

社会上人与人之间不能和睦相处的原因,在于"明争暗斗"——不仅是明处争权夺利,暗地里也勾心斗角;民间如此,官场也是一样,多数人都在争斗中求生存,实在令人感到心痛! 为什么争? 为什么斗呢? 原因只有一个字——"贪"。因为贪图财色、名利、地位,所以你争我夺,不得安宁!

世间大部分人都是为了满足"身躯"的享受而产生贪念——吃要吃好的、穿要穿好的、用要用好的;为了这个污臭不净的身躯,不知造了多少恶业?

为什么说身躯不净呢?《水忏》文中有一段话:"九孔

常流不净物"，人身是由一层皮肤包着骨肉脓血，从九孔流出来的都是屎尿痰涕。大家想一想，人身有哪一处是干净的呢？何必为了它与别人斤斤计较、造作恶业？

身躯虽是不净物，但是人人心中都有一分非常清净的宝物，那就是"佛性"。此身能造恶，亦能修习善法，所以大家应该时常"观身不净"来摒除贪念，并且利用这个身躯积极地布施行善，开启心中的"佛性"。

除了身外财物的布施，这个身躯也能布施。佛陀《本生经》中有割肉喂鹰的故事，在《无量义经》中也说"头目髓脑悉施人"。现在医学非常进步，不只可以在往生后捐赠器官或遗体，活着时就能捐血或捐髓，既能救人又不损害自己的健康。我一直在呼吁器官捐赠、骨髓捐赠，以及遗体捐赠，因为这个身躯迟早会败坏，何不在它还有用的时候赶紧布施出来帮助别人呢？

学佛要看淡名利、地位，修行是为了众生，一切劳动也都是为了利益众生；心中常存此念，就不会产生贪欲。

若执著于此不净之身而造作种种恶业，实在可悲可悯！唯有善加利用此身，积极行善、精进修行，才能提升人格、增进道业，不枉来此人间走一回。

以"慈悲观"离"瞋念"

佛陀说："当知瞋心，甚于猛火。"人时常因为瞋怒而乱了行为，一发脾气就六亲不认，损人又害己。如果希望自己不论遇到什么状况都不会动怒，时时予人亲切和蔼的感觉，则必须拥有非常柔和的心念，而柔和的心源自于"慈悲"。

有一天，佛陀的弟子舍利弗和罗睺罗出去托钵，受到一群无赖汉戏弄，有人把泥沙放进舍利弗的钵内，有人打了罗睺罗一拳，血从面颊流了下来，但他俩都不理会那些无赖汉的欺侮，径自走了。舍利弗告诉罗睺罗："你不要生气，我们要怜悯众生，起慈忍心，这是佛陀教我们的：这是我们修行的逆增上缘。"

罗睺罗流着泪回答说："我没有生气，也不埋怨！我很感谢佛陀，教导我慈悲的心念与忍耐的功夫。佛陀一生为了众生辛勤地教化，而众生却仍如此顽劣，心中充满憎恨，逞强欺弱。社会的动乱与天下的灾祸，就是起因于众生缺少慈忍心。我是因为悲悯他们才流泪啊!"

大家若像舍利弗与罗睺罗一样,以慈悲心看待日常生活中的人、事、物,自然拥有非常柔和、清明的心念,即使面对逆境也能忍耐,不现怒容、不出恶言;并且怜悯那些造作恶业的人,而不生瞋怒之心。

若社会上人人都以慈悲心与忍辱行相互对待,哪还会有动乱与灾祸呢? 必然是人人幸福、处处吉祥啊!

以"因缘观"离"愚痴"

世间一切现象,皆由因缘和合而成。迷于因缘,则随着业力流转于六道之间;觉察因缘,则能放下执著,解脱烦恼缠缚;把握因缘——珍惜并善加运用修学佛法与救度众生的因缘,就是福慧双修的人间菩萨。

许多人学佛只为了自己,只在意自己能不能得度了脱生死,却疏忽应该学习佛陀的慈悲与勇气——发菩提心、修菩萨行,以救度娑婆世界苦难众生为修行的目标。如果每位学佛的人都只想自利而不愿利他,则如来家业就无法延续下去,苦难众生也就无法得度。

唯有启发心中的长情大爱,把握帮助众生的因缘,才能彻底远离愚痴,得到真正的智慧。

所以我们一定要严持戒律、严护戒根,不要因为小善就不愿意做,小善积多了也是大善啊!也不可以认为小恶无所谓,只要忏悔就没事了!大家要知道,悔而不改,一犯再犯,罪业永远无法消除,而且"坠露成河"——小恶积多了也就成大恶啊!

总而言之,种了善因,不怕得不到善果;所以除了守好五戒,还要用心行十善。如果人心清净、社会祥和,就能呈现一片万善和融的景象,如此,娑婆世界与佛的净土还有什么差别呢?

"用心"行十善

以上就是身、口、意所行的善业与恶业。身、口、意奉行善法,则智慧福德与日俱增;造作恶业,则苦果业报逐日累积。人生方向应该向善还是向恶,相信大家心中都明白。

远离十恶,奉行十善,会很困难吗?其实人人都可以做到,关键在于日常生活中必须"多用心"——时时刻刻注意自己的行动、言语及思想,审慎思惟是善还是恶? 若有恶的成分,赶紧改正过来,朝善的方向去做;只要能够持续不断地努力,身、口、意就会愈来愈诚正、清净。

一个真正肯用心的人,才能深切体会佛陀的教法,并且以坚强的决心与毅力身体力行,逐渐"超凡入圣";而不肯用心的人,日子过得迷迷茫茫,造了什么业自己都不晓得,这样的人生不是很可悲吗? 所以,我平时总是一再提醒大家,日常生活中一定要"多用心"啊!

律己防非,严护戒根

我们如果精进修行,切实持五戒、行十善,除了自律之外,还可以助国弘扬礼义文化。

社会是由众多个体组合而成,想要社会和睦安定,一定要从人人本身开始做起。一个人若是乱了行为,一家就乱了! 若是家家乱了,社会也跟着乱了! 所以我们每个人都不能轻视自己,只要每个人都守好规矩,就是帮助社会国家弘扬礼义。

　　整个佛教的前途，与我们每个佛教徒息息相关！身为佛弟子，必定要善加注重自己的身、口、意业，好好保持自己的气质和品德，自我修持、端正行为，待人接物谨慎诚恳，如此周遭的人就会受到我们感化，也趋往善的方向；如果每位佛弟子都能这么自我要求，何惧我们的社会不能清净祥和呢？

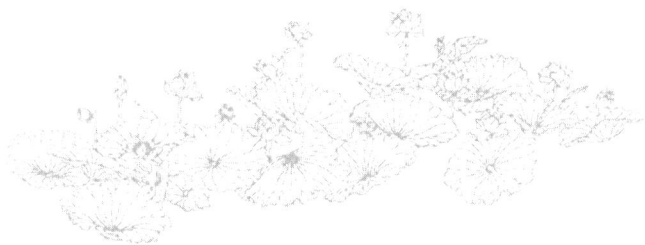

【净因第二要】

一、受持三皈

僧是佛陀嗣法人

佛门六和敬的意义

僧是佛陀嗣法人

修净因首先要做到"孝养父母、奉事师长、慈心不杀、修十善业"——有孝养父母的心，就有孝悌、恭敬与慈爱的心，自然可以培养"不杀"的慈心，进而能够"修十善业"。

除了做到以上所说之第一要因之外，还必须："受持三皈、具足众戒，不犯威仪。"想要入佛的法门、学佛的规矩，就必须修学这第二要因。

皈依三宝是入佛之基

正信的佛弟子，入佛门的基础就是"三皈依"，亦即"皈依三宝"。

"皈"这个字，是由一个"白"、一个"反"字所组成，就是反黑归白。白代表无邪的清净业，黑则指染污的业；也可以说白就是良善、光明正大的心，黑就是暗昧、不清净的心。

既然要学佛，就应该消除暗昧之心，朝向光明正大、清净的道业精进。而清净道业的第一个阶段，必定要反黑归白——去除过去的黑暗，面对光明的一面，这叫做"皈"。

"依"就是依靠，我们要向良善、光明的道路走，就应先依止"佛、法、僧"三宝——"佛"是人天导师；"法"是佛陀的教法；"僧"是延续佛陀慧命法身的出家宗教师；唯有皈依三宝，才能从凡夫地直趋圣人的境界。

皈依佛——佛是指引众生的眼目

佛陀是二千多年前的伟大圣人，他是应众生之需而示现人间；他示现与众生相同的形态、相同的生活，然后出家、修行，说法四十九年而成就；以凡夫的形态进取圣贤的果位，指引众生。

他是三界导师——可以引导三界（欲界、色界、无色界）众生离苦得乐。因为不只生活在世间的人感到痛苦，其实三界六道的众生皆是苦啊！人间只是三界中"欲界"里的一道，在三界中皆有不能断除的无明染著；不能去除无明染著，自然无法从轮回中解脱，仍要受业力的牵引而去来。我们若能回归清净无污染的本性，才是成就真正的佛性，也才能跳脱三界轮回。

众生之所以沉沦六道中，就是因为欠缺一分清净心，多了一点污染心。佛是觉醒者，为众生倒驾慈航来到人间，引导我们如何起步、如何行菩萨道、如何体会宇宙人生实相，达到修行成佛的目标。

学佛离不开菩萨道，这条路非常长远，一定要有一位真正的觉者与智慧的导师来指引，才不致有所偏差，才不会在三界六道中轮回不息、不得解脱！而佛陀是真正的三界导师、众生的眼目，我们若依照佛陀的指引行走，一定能朝向光明的道路迈进。

皈依法——依佛陀教法进取慧命

佛教有四众弟子：即出家男女二众和在家男女二众弟子。出家有出家的戒法和应积极进取的慧命，从过去延续到现在,从无间断。在家男女二众,同样要守在家人的戒规——受三皈依、持守五戒,善尽本分与责任,进取成佛的慧命。

佛陀所说的教法和所制定的戒规,两千多年来皆无间断,虽然佛于人间入灭,但这不过是物质的消灭、躯体的消失。其实,佛陀的精神——法身慧命,还是存在我们心中,因此要皈依法——依照佛陀教法,进取恒长的慧命和常存的法身。

众生常常是知此不知彼,看近而不能见远,只注重自己的感受而无法将心比心,忽略因缘果报的循环,于是人我之间的计较、纷争也随之产生,这都是因为我们尚未透彻真正的道理。只是一味的口头上长篇大论,却无法真正力行、贯彻,一旦面临真人实事,就无法以正知、正见相对待,以致迷失自己的方向而导致迷茫的人生。

佛陀以超然的见解和观念,明白、正确地辨别人生方向、道路的正或邪,所以是众生的"眼目";我们要以佛陀的教法作为正确道路的指引。

许多人都认为自己是佛陀的弟子,要用功学佛。然而,常常只在书本、三藏十二部经等文字上了解很多,却在人事上无法依照佛陀的教法——舍弃我执,泛爱众生。

我们若能依照佛陀的教法、三藏十二部经的法理力行,弃执我见、随顺众生,才是真正精进于佛陀所指引的道路。学佛一定要有这分胸襟,不可执著我知我见、我行我素。

皈依僧——僧宝耕耘众生心地

僧,即是出家人,舍名、舍利、辞亲、割爱,以佛陀的精神、教法作为依止,延续佛陀的慧命。所以我们要以敬佛、奉佛、拜佛的精神与恭敬心,同样的敬僧、奉僧。

僧,显现出家相,荷担如来家业,佛法能否正确的弘扬人间,全视于僧众所肩担的弘法利生责任,因此说"僧乃六和上士,并为真净福田"。

僧的日常作为就像农夫耕田一样——杂乱的土地,无法栽种出优良的作物。于是农夫在满布乱石杂草的土地上,一定要先拔除杂草、剔除乱石;将荒土开垦成纯良的土质,才能播下种子。

而僧即为"福田僧"——耕作众生的心田。每个人的心像一畦田地,当杂念产生时,就像杂草萌生一样。杂草乃园地中一大患,就如同我们的心有杂念,就会破坏道心慧命,所以修行人常将用功称为"耕作心田"。

人应该时时刻刻清除心田杂念,若常常停滞于过去,则无法向前迈进。过往的人生,要像我们两脚行走一般,踏出了前脚马上再举起后脚,才能一步接一步往前行进,否则便会寸步难行! 人与人之间难免会有一些冲突,而修行者的心念要像手画虚空,画过无痕;要让所发生的烦恼事,片刻都不停留于心,过去的就让它过去,留下好的种子、去除坏的种子,这就是"耕耘心田"。

反之,好事不常顾念,坏事却停滞心中,就如他人对我们的恩惠我们不知报答,然而对他人稍感不称意,我们便常常记恨在心,这叫做邪见,易生烦恼心;也就是好的种子不留下,杂草却任其乱生。

所以如果能依照教法,努力奉行、精进修持,则内心的精诚会发出一股威德力量,就好比孔子"温而厉,威而不猛,恭而安"。这种神圣的威力,看起来很温和却含有慑伏众生的德行。

以爱以敬成就"和"

"僧"是梵语"僧伽"的略称,意思是和合众——人群和合在一起便称为僧。僧也代表众的意思;一、两个出家众住在一起不能称为僧,要三人以上才能称为僧众。

在一个丛林团体里,人人都是来自十方,各有各的不同生活和家庭背景,以及不同的心念、修养;而不同习气的人要聚在一起修行,不是容易的事情。

"僧乃六和上士"——上士是表示无上、崇高的人格者,亦即"人上人"的意思,要如何才能做到人上人呢? 一定要彼此和敬。

中国大陆有不少丛林聚集了几百、几千人以上的僧众,而佛陀在世时,僧团人数更是数以万计。要集合几百、几千、几万人在一起,并且能让大家真正和睦相处,就是靠一分学德的修养;而这分学德修养最重要的即是"和敬"——彼此和气,彼此敬重。

古德说:"礼之用,和为贵,先王之道,斯为美。"人际关系最美的形态，就在一个"和"字。和也可以说是爱敬之意，若能秉持佛陀教法，以大爱的胸怀普爱一切众生，这分宽阔的悲心、慈念，无形中化解了人我是非的计较；若没有计较之心，彼此间自然也就没有纷争的产生。因此大家若能心念一致，和睦、融洽，彼此就会相互敬重、关爱对方；有了爱与敬，就能更加和气，在良性的互动中成就"和"。

团体中要做到六和敬

生活在同一个团体里，不管是在静思精舍修行的同修，或是投入"济贫教富"志业工作的慈济人，都是为了"予乐拔苦"的共同目标和使命，期望苦难众生能离苦得乐！因此，我们一定要和合在这分同敬、互爱而和睦相处的行动中。

能使我们同敬互爱而和睦的，即是"六和敬"。"外同他善谓之和"，一个人若能外表与内心和齐，就叫做"和"。在一个团体中，最容易让他人感受的即是声与色的表现。比如今天我有一件特别繁重的工作，就可以互相提议说：

"我这边的工作很忙,您是否可以帮忙我呢?"那么,另外一边的人就要衡量轻重缓急,暂缓一下不急的工作,帮忙比较急切繁重的工作,彼此分工合作。若执守"我做我的事,我的工作做好了就可以,我不管别人的事"。这样是不行的! 一定要身体、工作、行动皆一致,这才是和。

好的事我们要响应,叫做"善之和";而对于不好的、错误的事,则要善尽提醒与劝勉之责,赶快共同停止它,这也叫做"和"。

人与人之间难免会意见不合,若别人不顺我意,我就马上显露在外表上,将会影响了团体的和睦。在大家欢笑、慈爱的一团和气中,只要有一个人的形态不好看,就好像一张白纸上有了黑点,这种不愉悦的面容,在和睦欢笑的团体中,显得极为不协调。

总之,一个团体就是要大众和敬、互爱,将心中和善之念显露于外。所以,每一个人都要自我警惕,如果感觉自己与别人格格不入,就要赶紧自我反省、修正,才可以做到"和"。

处处有"我"便无"人"

学佛者常言"功德"。何谓功德？内能自谦谓之功。"功"字，一个"工"、一个"力"，两字合写为功，就是要我们时时刻刻警惕自己，下功夫将贡高我慢心去除，内心常常保持谦虚。

一个人如果骄慢，即会产生排斥别人的心理。如此表现于外的言行态度，当然也会成为别人排挤的对象。

世间比我们贤能、有德的人，比比皆是。因为学无止境，德无止境，道也无止境，所以更要时时刻刻自谦。

有的人说："这是我的习气。"你、我、他各有不同的习气——有我见、我思与我行；不思反省而全部归纳为"我"的习气，这就是不肯用功，任贡高我慢、瞋恨的心理继续产生，终致不能自制。

前面曾说过，一畦田在耕耘播种前，一定要下功夫去除杂草、乱石；而一个人在修行的过程中，必定要先清除心田中最容易使我们陷于罪恶深渊的"贡高我慢心"，将自我缩小到得以进入别人的眼里，而不碍到别人的眼睛，进而能镶入别人的心中而不碍到任何人。想要有那分可爱与可敬，一定要自谦自卑。我们能做到对人有敬爱之心，自然回报于我们的，也是别人对我们的尊敬。

希望镜中人笑，自己要先笑；要镜中人可爱，自己要先表现可爱。所以，我们要外同他善——和；内要自谦自卑、对人敬重，这样才可称为六和僧，这也是学佛的初步。

总之，要和合大众，外在的身体行动要与人和，内在也要时时自我警惕，用功去除贡高我慢，时时缩小自我，扩大心胸，如此人际间才能一团和气。

佛门六和敬的意义

　　"僧乃六和上士"，佛教依靠僧伽延续慧命，而僧伽团体中，出家弟子共同生活，不能缺少六种和敬——据《法界次第初门》六和敬初门第五十之记载："外同他善，谓之为和；内自谦卑，名之为敬；菩萨与物共事，外则同物行善，内则常自谦卑，故名和敬。"六和敬又作：

　　戒同和敬——以方便善巧同持戒品，而无有乖诤。

　　见同和敬——以方便善巧同一切知见，而无有乖诤。

　　行同和敬——以方便善巧同修诸行，而无有乖诤。

　　身慈和敬——平等大慈以修其身，常与众生一切乐事，而无有乖诤。

　　口慈和敬——平等大慈以修其口，常与众生说一切法，令其得乐，而无有乖诤。

　　意慈和敬——平等大慈以修其意，常知众生诸根性欲,与众生乐,而无有乖诤。

（另据《祖庭事苑卷五》列举"六和"为：一、戒和同修；二、见和同解；三、身和同住；四、利和同均；五、口和无诤；六、意和同悦。）

修行的第一步就是持戒

首先说"戒同和敬"——以方便善巧同持戒品,而无有乖诤。

"戒"是佛陀为弟子制定的规矩,大众之间彼此要能够共同持守,方能成立一个清净和睦的教团；所以佛陀制戒,用意之一即在和合大众。在家弟子一定要持守五戒,而出家弟子更要持守戒律——比丘应持二百五十戒,比丘尼则有五百戒；戒律确实繁多,但若用两个字来概括,就是"勤、息"——"勤"是殷勤,"息"是息灭,亦即"勤修戒定慧,息灭贪瞋痴"。人我之间所以争长论短、斤斤计较、不能和气相处的原因,在于凡夫贪、瞋、痴三毒炽盛。既然志愿修学向道,首要功课就在于息灭贪、瞋、痴这三种造成人我不和睦的毒火,如此才能免去人我是非的争斗。

因此，不论在家弟子或出家弟子，若能持守戒法，就能通达人事习俗，同时亦能透彻了解佛陀所说的真理。看开一切，那么人我之间还有什么是非对错可计较的呢？

曾经有两位年轻的比丘尼问我："在修行期间是否遇过任何困难或烦恼阻挠道心？"我回答："我不曾想过自己有什么烦恼。因为我在出家前已先看清目标——明白自己为什么要出家；既然认清目标，也了解从凡夫的起点要追求圣人的境界，其间的道路一定非常坎坷，必定要经历人事的磨练；而人事的磨练，正是开创康庄道路的基石。既然遇到困难是理所当然，自然也可顺藉逆境以增上缘，哪还有什么烦恼阻挠呢？"

所以，一般人的烦恼皆来自不能"看开"，若能够明白真理、看开一切，就没有什么好计较的！"乖"字是相互违背的意思，大家志同道合追求佛陀教法，既然目标相同，彼此间的意见不相违背纷争，即能同心、同道、同志，相互勉励，彼此没有违背乖离的情形，这就称作"戒同和敬"——同持戒品，而无有乖诤。

勤修戒定慧,息灭贪瞋痴

须知众生与我们平等,不只我们可以修行、可以成就,其实一切众生皆有佛性,同样能证得菩提。所以,我们应该敬重一切众生如敬诸佛。这就是"亦知众生同此戒善,未来必得菩提大果,是以敬之如佛,故称为同戒和敬"。

《法华经》提到,"常不轻菩萨"每见到人就恭敬礼拜,有人觉得他非常奇怪,因此轻视他、辱骂他,甚至认为他好欺负,还以脚踢他、用杖打他、拿石头丢他……但是他仍然以欢喜心接受,口中常说:"我不敢轻视汝等,汝等将来皆得作佛……"即使面对欺负他的众生,他也恭敬如是。

我们应学习常不轻菩萨的精神——常礼敬众生,则无名利"贪"著心;不轻视一切众生,尊重人人皆能成佛,则无"瞋"恨心;任人打骂而不计较,则无"痴"迷念。这就是息灭贪瞋痴,亦是修忍辱戒,此即僧团和睦的泉源。

学佛的目标是修得智慧,而想得到与佛同等的智慧,就必须努力下功夫！修行的第一步就是持戒，持戒之道，莫过于息灭贪瞋痴，勤修戒定慧。我们一定要相互鼓励、彼此尊敬，"同持戒品，而无有乖诤"，才能成就一个圣洁和睦的宗教团体。

见解一致，相互尊重

其次是"见同和敬"——以方便善巧同一切知见，而无有乖诤。

一个圣洁的教团首重和睦与融洽，同修间因为同受教法、同持戒品，所以道理透彻、目标专一，见解也不会纷歧；见解一致则能相互尊敬，相互赞叹；彼此宽恕与礼让，这分和合的气氛自然让人生出恭敬心，也能吸引大众加入这个团体。

出家众的责任非常重大！除了自度以外，更要度人；除了教育自己之外，还要能令他人对僧团产生欢喜心！因此，在日常生活中一定要表现出和睦的气氛，使身形、动态与声音皆能度人。

既然要教育他人，就必须"扬善"。人与人之间相处，不可一天到晚言说是非，应该多赞叹、多表扬善事，常常赞扬他人的长处，藉此以鼓励大家多做好事。

只是凡夫皆有"我能胜人，人不能胜我"、"只想赢人，不让人赢"的心理——他人比我优秀，我便尽量遮掩他的优点，而极尽所能去渲染他的缺点，以表示他不比我好；这就是凡夫。圣人则不然，他能忍一切恶、看淡一切恶，而且能拳拳服膺良善之事，认真推动，此即是圣者之所以为圣者啊！

我们既然是佛的弟子，当然也要学习圣者的行谊，以善巧方便的言谈举止度化众生；无论是相互对话或彼此相处，总要表现温柔和善的态度，广结众生缘，作为佛教度人向善的桥梁。这就是"同一切知见，而无有乖诤"。

同修正道，共行善事

第三是"行同和敬"——以方便善巧同修诸行，而无有乖诤。

路是人走出来的，佛是众生自修而成。要修成佛道，一定要脚踏实地，步步向前精进。

学佛必须从行动中展现修养，因此称为"修行"——"行"就是不停止、不断往前向圣人境界迈进。

出家众的任务除了自修、自证，亲自体会佛陀的教理之外，还要领导众生向佛的目标迈进。所以，大家在日常生活中，必定要循八正道实行佛法。

"八正道"即"正见、正思惟、正语、正业、正命、正精进、正念、正定"等八种正确的见解与行为。我们除了自己走正道，也要引导他人行正道；彼此鼓励共行善事，步伐整齐划一，就不会相互违背、争斗。要劝告思想不端正的人改善观念，勉励行为错误的人尽快改过，面对有邪知、邪命、邪业……的人，要立即点化对方、唤醒他的良知；而在点醒他人之前，自己一定要先觉醒，时时自我警惕，这就是"同修诸行"。

将善念化为行动

"身慈和敬"——平等大慈以修其身，常予众生一切乐事，而无有乖诤。

佛陀说法，不离"慈"字，慈就是"心包太虚、量周沙界"的广大心怀；我们的心量要宽广到足以包容普天下的众生，使普天下众生皆能得到安乐。

"慈"，不只是心存善念而已，还要能付诸行动，实际以身体力行去利益众生。我常到慈济医院病房探慰病患，看到一群群志工对待病患，好像是对待自己的亲人和好友一样，亲切柔和的鼓舞、安慰，使病房增添几许慈爱的气氛。这种温暖亲近的情感，洋溢在慈济医院内，使患者在病苦中减少许多烦恼、沮丧，此即称为"予乐"——在身体行动中，表现出一种给人快乐、消除他人痛苦的形态。

学佛一定要能学到"慈于内"、"行于外"——要时时将这分慈心铭刻在自己心版上；要时时将快乐的心态，表现在日常的行动上。大家若能共同发挥这分慈心，身体力行去予乐，就叫做"身慈和敬"。

佛教徒必须要好好修持慈念，身体力行；而"予乐"也必须"发乎情，止乎礼"——予人喜乐，千万要依礼而行，决不可非分越礼。有的人个性非常直率，与人交往经常熟不拘礼，稍不留神，言行即容易失去分寸，尽管言者无心，但是听者有意。为了避免造成不必要的伤害，就必须时时自我警惕，谨守分寸，言行合礼，才不致失礼越节，能彼此和敬相处。

我们要时时刻刻将快乐种子散播给众生，使一切众生皆大欢喜，无违佛所说的"身慈和敬"，就不会有乖诤。

以"说法"洗炼众生心

第五是"口慈和敬"——平等大慈以修其口，常与众生说一切法，令其得乐，而无有乖诤。

人与人之间，难免有不同的习气、不同的形态，我们在言语中应该多多宣扬好人，时时表扬好事；设若他人有缺点，我们也要善意地引导、不加以渲染，所说的言语，一定要能利益众生。

曾有人问我："师父，什么样的人您不能原谅？"我想，做错事是人所不能避免的，只要知过能改，就值得原谅；但如果一而再、再而三的不诚实，造作"恶口"业，就不可原谅了！所谓恶口，就是妄言、绮语、两舌。

妄言——就是说谎话。说谎者多数会掩饰自己的错误,有很多事情他根本不知不见,却颠倒是非,强词夺理!一个人若会说谎,行为必定会偏差。佛陀也曾表示,凡造大妄语业者,是不可救药,不可原谅的!

两舌——就是故意搬弄是非。学佛一定要学"说法口"——以言语净化他人。我们的每一句话都要能够教育众生,使人愿意向善,使彼此仇恨的人沟通感情;若能时时刻刻宣说佛法,洗炼众生的心,就称为"说法口"。与说法口相反的是"是非口",就是"非道理"而说成"是道理"。若以一张利口东家长、西家短,使本来感情很好的朋友,彼此之间的感情受到伤害,甚至暗埋仇恨种子,这就是以"两舌"造作口业!如果用言语反覆搬弄是非者,实在不可原谅!

绮语——就是口是心非、内外不一,擅于说好听的话,也就是世俗所谓的甜言蜜语。孔子说:"巧言令色鲜矣仁",即言词巧妙动听的人,很少是有仁心的,常常能说不能行,颠倒是非,花言巧语,迷乱人心;所以有人说:"口蜜腹剑"——口如甜饴蜜糖,但每一句话却似暗箭伤人,像这种行为也是不可原谅的!

人生教育的授与受,大都靠声与色的传达。口是声的代表,我们学佛要声色兼备,若修身而不修口,则修身之行也难成就,所以一定要身口并行;想令人起欢喜心,当然要用"说法口"来接引对方。

慈济志业起源于我当年的一念悲心,然后以"声"苦口婆心地呼吁众人,由一而十,由十而百,口口相传,声声相连;从近到远,由少至多,都是以"声"呼吁,才有今天的"慈济"。而全省慈济委员无论走到哪一个角落,也都是以慈济之声,成就了无数善行,净化了无数人心。

声色和、言行合,则事功可成。因此我们一定要心和、口和,方能成为一个真正的修行团体。

调和心念,随顺众生

第六是"意慈和敬"——平等大慈以修其意,常知众生诸根性欲,予众生乐,而无有乖净。

"意"指心念。人的言语、行动,主要是由心起、由意发;心意的产生最快速,所以大家平时修行,一定要从心意修起,要时时刻刻鞭策自己:常存"慈悲"之心,对待众生要抱持平等大慈的心念，不可有人疏我亲的分别。

佛陀言：大地众生，皆为我亲，皆是我的眷属；老者是我的父母长上，同年者是我的兄弟姊妹，幼年者是我的子女。我们要将小家庭扩大为大家庭，将我们小范围的爱，扩大成对普天下众生的平等大爱。

佛陀是出世圣人，为了度众生而入娑婆世界，化为与众生相同形态，随顺众生的生活；菩萨倒驾慈航，为了救济苦难众生而显现多种身相，才能顺应众生进而度化众生。我们学佛，也要知道众生诸根性欲，时时调和自我、适应他人，为众生解除痛苦，让众生快乐。

长养慈悲心念成就诸行

"六和敬"中前五项——同戒、同见、同行、身慈、口慈的总根源，其实是在于意念——"意慈"；修身之前要先修心，扩大心胸、缩小自我，长养慈悲的心念，进而身体力行，成就诸道行。

希望大家自我鞭策、相互勉励，人人沐浴在真、善、美的人生中。

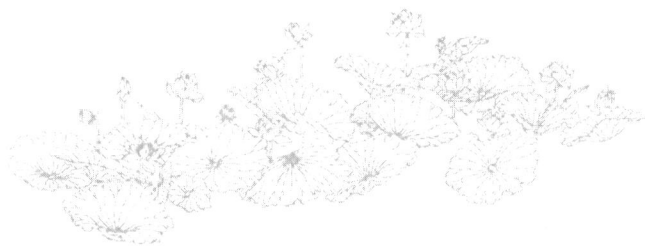

二、具足众戒

以大乘心圆满三聚净戒

以大乘心圆满三聚净戒

"三聚净戒"包括:"摄律仪戒"、"摄善法戒"、"摄众生戒"。这三者聚集大乘诸戒法,聚集世间一切清净善法,所以称为三聚净戒。

摄律仪戒是以"严防"为体,严格防范错误的心念与行动,禁止一切恶事,具足庄严威仪。摄善法戒是修习一切善法,摄众生戒是利益一切众生,后二者皆以"勤勇"为本,必须精进、勇猛,不可逃避、懈怠。

该持而不持是犯戒,该禁而不禁也是犯戒。所谓"大圣度人,功唯在戒","戒"是佛菩萨最主要的度人方式;换言之,舍弃戒法即非真正的学佛者。

严防诸恶摄律仪

"律"即戒律,是约束、禁止的意思;"仪"是仪态,是日常生活中的举止与形态。摄律仪就是摄持大乘佛法的精神，积极推行该做的事，严格禁止不该做的事。

"摄律仪戒"以严防为体，在日常生活中严格防范不正当的心念及行为，将贪、瞋、痴、慢、疑等种种不好的习气断除干净，并且积极培养良好的观念与行为；也就是"勤修戒、定、慧"，"息灭贪、瞋、痴"。

《法苑珠林》云："摄律仪者唯有四（有四项要义）——一者不得为利养故，自赞毁他；二者不得故悭，不施他人；三者不得瞋心，打骂众生；四者不得谤大乘经典。持此四法，无恶不离也。"

以感恩心成就诸善

"摄善法戒"即修习一切善法，包括身、口、意所行诸善，及闻、思、修三慧、六度波罗蜜等诸善法。

以"感恩心"待人处事，就能成就身、口、意的善法。例如，吃饭时专心吃饭，并且深思这碗饭从何而来——粒粒稻种需经过许多人流汗耕种，才能结成累累稻穗；可是稻谷不是拿来就能吃，要用器具碾压，才能脱去谷壳，将糙米变成白米;而白米仍不能直接食用,必须以种种厨房用具炊煮……总而言之,经由社会中无数农民、劳工、商人劳心劳力、分工合作,我们才能享用到可口营养的饭菜,怎能不珍惜、感恩呢?

不但在食的方面当思来处不易,穿衣服时,也应用心思考这件衣服的来源——许多工业界人士、裁缝师及商人互助合作,才能制造出一件完整的衣服;所以,穿衣买衣应该节制,不能浪费。还有,我们走的道路、住的房子,也是许多人劳心劳力的成果。

一个人若时时抱持感恩的心,自然成就身、口、意的善业——对众生常怀感恩,所行的必是报众生恩的善行;所讲的必是劝人为善、教人向善的善言;所思的必是仁慈宽厚的善念。所以,在日常生活中以感恩心行善、言善、念善,就是大善啊!

修三慧,行六度

三慧包括"闻、思、修",是获得智慧的根本方式。

学佛是为了启发智慧,要启发智慧就要用心听法。

可是听法不是盲目地听，而是认真思考所听到的法，能不能引导我们在日常生活中往善的方向走？能不能教导我们在现代社会里发挥人生良能？以实际行动利益人群？法若是正确的，我们才能接受，否则就不能接受；这都要靠思惟、智慧去选择。

所以听法时要认真地听，听完后好好地思考，确实是正确、富教育意义的佛法，我们才能付诸行动。

我常说，佛法不是只用讲的、不是只用听的，说法的人一定要以身作则，听法的人一定要真正用心去学、用心去修。何谓"修"呢？就是用心学之后能说给别人听，不但能说给别人听，自己也能身体力行。

"修"的意思也可说是人与人之间相互琢磨、鼓励、启发。所以，不要把人事当是非，应该将是非当作修练的机会。

凡夫大多太爱自己，所以事事多疑，怀疑别人所说的话是不是批评自己？别人所做的事是不是对自己不利？把人与事当作是非而处处起疑心，以这种心态来生活会很痛苦。所以修行时，即使是真正对己不利的是非，也要将其善解,化是非为修行,决不可将人事当成是非。

所以"闻、思、修"就是听闻佛法后,对佛法有了认识,再深入去思考。如同孔子所说"温故而知新",一再温习、反复思考,一面听、一面思考,自然融合成为我们的智识,同时也启发我们的智慧。

而且一切佛法一定要身体力行,因为"如人饮水,冷暖自知"。水到底是热的?还是冷的?你要自己喝才知道。修行也是一样,要体悟佛法、开悟证道,一定要身体力行,才能真正觉悟,故称闻、思、修为三慧学。

六度则包括布施、持戒、忍辱、精进、禅定、智慧,如果精进修持就能将我们从凡夫的此岸度到圣人的彼岸。做菩萨必须具备这六种善法,这些善法全部包含在摄善法戒里。

慈悲喜舍,善导众生

众生心非常复杂,有人心善,有人心恶。

"摄众生戒"就是将一切众生不同的习气、心念,导向同一个目标——止恶行善、转迷成智。

例如"慈济"将近几千位的委员与数百万会员的心，聚集在一起共同为一个目标努力——"为佛教、为众生"，这就叫做"摄众生戒"。将众生的心凝聚朝向同一目标，故称为摄一切众生。

摄持众生有四种方法——慈、悲、喜、舍。

"慈"就是予乐，发挥爱心与智慧，使一切众生快乐！

所谓"施比受更有福"、"助人为快乐之本"，唯有贡献人生良能、为众生服务，才能感受到深刻而恒久的快乐。所以，不但要解除众生身体上的痛苦，使他们获得健康安乐，更要启发他们慈爱的心念，使他们获得欢喜、安详的心境。

"悲"就是怜悯；拔除众生的痛苦，即是悲悯众生。

若没有怜悯心，就会认为别人生病是别人的事，与我何干呢？穷是他穷、寒是他寒、饿是他饿，这些事跟自己有什么关系？这样漠视众生的态度，实在很残忍。大家应该要发挥不忍、恻隐之心，也就是怜悯心来对待一切众生！

悲也是"济"的意思——弥补、救济众生所缺少的。

所以，"慈济"两个字就是予乐、拔苦，以慈爱、悲悯之心，弥补众生的缺陷——例如缺乏物资者，就济助他物资；如果心灵空虚者，就启发他的爱心。从表相上看起来是在造福众生，而实际上拔苦予乐者却从身体力行中开启智慧；所以慈即修慧，济即修福，同步并行称为"福慧双修"，故知"慈悲"就是慈济的基本精神，故称慈济人是福慧双修、悲智双运。

佛陀告诉我们人生无常，今天能付出力量为人群服务，就要及时去做，莫待明年，更不能等到自己的家庭、事业责任结束时才开始做，因为人生的责任结束时，就是生命功能停止之时。虽然现在很平安，但是谁知道几分钟之后又是如何呢？

总而言之，既知人生无常，就要赶紧行善、修行。而且，若能起怜悯心，悯念一切众生的苦，自然会好好把握时间、积极从事救度众生的工作，而不会浪费任何时间于无意义的事上。因为时间可以累积道业、累积功德。

慈悲是观音，喜舍名势至

"喜"即喜庆，庆一切众生离苦得乐。

慈济人济贫教富很辛苦，但也非常欢喜自在！当贫穷、饥寒、病苦的众生，由于我们付出的爱心帮助，而能吃得饱、穿得暖、摆脱病痛折磨时，不仅他们离苦厄得安乐，我们也会感到非常高兴；这分温暖而深刻的喜悦，不是任何世俗玩乐的短暂快乐所能比拟的。

至于富有的众生，我们将慈济精神介绍给他们，让他们有机会参与救济贫病的工作——"取诸社会，用诸社会"；以佛陀的教育引导他们舍迷得智，转烦恼为菩提。

引导这些富有的人发挥爱心与良能，帮助世间苦难众生，如此就是教他们种福、修慧，并且让他们得到心灵的踏实感与欢喜轻安，我们当然深感庆幸啊！

天下事一个人做不完，世间布施行善的人当然愈多愈好！所以我们不但要尽心尽力服务众生，见到他人发心行善也要鼓励、赞叹，并随分随力助他成功，这就是"随喜功德"。

有一句话是"喜舍名为势至,慈悲就是观音",意即人人都可以做菩萨,以慈悲心利益众生,当下就是观世音菩萨!众生需要什么,我们能付出多少,就尽量付出多少,以精进勇猛的毅力喜舍布施,则当下就是大势至菩萨!

为了帮助众生,除了要舍财、舍力、舍时间,同时必须具备"三轮体空"的精神;不能做了一件好事就常常放在心上,以为自己很善良,布施的东西很多、很珍贵,或者认为对方欠自己一分恩情。我们应该尽自己的力量去做,做了以后也不要以为有什么,这才是"无量"的功德。

舍弃执著,无憎无爱

人与人之间相处,难免有投缘或不投缘的人。与自己不投缘的人,不论他说什么或做什么,都觉得听不顺耳、看不顺眼。若有这种分别、执著之心,就无法平等普利一切众生。

学佛就是要学得"众生平等"、"无憎无爱"之心,不特别喜爱某人,也不特别排斥某人,而以平等、平常心来帮助众生,并且"常念众生同得无憎无爱"——除了自己以平等心为众生付出外，还要教育众生与我们一样舍弃执著、无憎无爱。

如何舍弃执著？例如"持戒"，修行人不可有执著之心，修行持戒固然非常好，但是切莫执戒；若持戒又执戒，就会产生很多痛苦和烦恼！比如佛陀制戒"日中一食"，是因为印度当时出家人托钵乞食，路途遥远、无车可乘，步行往返浪费了很多时间；而且修行时去除了杂念，没有烦恼少费心神，也极少消耗热量，所以一日之中吃一餐足以维持身体所需；此乃因时因地所制戒。

但是很多佛教徒听戒之后，因害怕犯戒而过午不食，结果饿出胃溃疡等毛病，引起家人先生、子女的反感。所以持戒一定要适合目前所处的环境，符合正常生活的规范，不可因为执戒"过了中午十二点就不吃"。我们的身体是父母所赐，要善加珍惜和利用，发挥救人的良能，才是正确、智慧的持戒。

有的人常不舍烦恼，什么事都舍不得放下，我就告诉他："你的心不如你的脚！你的脚不管踩了多脏多污秽的东西，洗一洗就干净了！可是你的心听法之后无法消化，一直积压变成烦恼,这样你的心就不如脚了!"

所以我们学佛若要进步,一定要舍,要持戒但不执戒就是"舍"。

若能以此四字——"慈悲喜舍",做到无缘大慈,同体大悲,随一切善事而喜,持戒而不执戒,人与人之间以平等心相对待,即以诸善法摄诸众生,此即"摄众生戒"。我们如果想度化众生,一定要做到这四大:大慈、大悲、大喜、大舍。如此,不但能摄持人,甚至一切的蠢动含灵众生,也都能被我们感化。

以大悲大勇担负众生苦难

总而言之,学佛要禁止做一切恶事,奉行一切善事;"诸恶莫作"就是摄律仪戒,"众善奉行"就是摄善法戒。摄律仪戒是以严防为体,不去犯戒;摄善法戒与摄众生戒皆以勤勇为本,必须精进,具备毅力、勇气。

三聚净戒可以摄持大乘一切戒法,如能力行此三种戒法,当下就是菩萨!

因为众生的根机参差不齐,所以佛陀开示很多方便法门,先描述三界六道中种种险恶与痛苦,根机较低的人听了之后害怕六道轮回,为了避免痛苦,就会赶快修行;此乃趋向了脱生死的修为,称为小乘。

然而佛陀在法华会上,鞭策只为自己修行,而不知发大乘心度众生的声闻小乘弟子,说他们是佛教中的焦芽败种,不能延续佛陀救世的精神。现在的社会,不是独善其身的小乘佛教能够改善的,若不随顺人群,根本没机会度化众生。因此,学佛一定要趋向大乘佛法,这才是佛陀来人间教育我们的本怀。

种如是因,得如是果;种下菩萨心、佛心的种子,将来必定成就佛果。我每天为大家开示,一再鼓励诸位好好利用身体、时间来利益人群,我期望人人,不论是出家弟子或是在家居士,皆能学习佛陀的精神,以大慈悲心及勇猛精进的毅力、勇气与信心,从凡夫地走入菩萨的道路,担负起众生的苦难,勇往直前、不退不惧,直往成佛的目标迈进!

(编者按:《法苑珠林》内容读者可参阅《大正藏》第五十三册之《受戒篇》第八十七的《戒相部》)

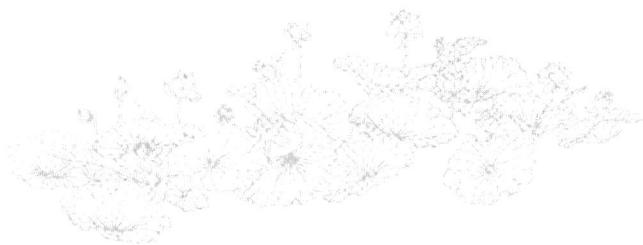

三、不犯威仪

人性之美，莫过于诚

能受天磨方铁汉

🌀 人性之美，莫过于诚

"是日已过，命亦随减；如少水鱼，斯有何乐？"这是《普贤菩萨警策文》中的句子。圣人贤者有高超的见地与智慧，能透彻人生真相，所以常时时刻刻自我反省——昨日已逝，自己是否已成就了些什么？

知道反省过去才是正确的人生，若只是随着日子消逝而纸醉金迷、懵懂迷糊地空过时日，就叫颠倒的人生。所以修行者要随时自我警惕、检讨，不要迷失了自我，也不可浪费时日。

去伪归真，还我本来面目

自我最可贵，本性最纯真，若能认清自己，就是最完美的人生！而我们要如何认清自我呢？因此自我省思与检讨非常的重要！人生的道路从何而来？目标又何在？

想要走正确的道路，必定要诚心学道，想找回自我，也唯有学道。"道学行仪纯诚厚德，人性之美莫过于诚，人性之贵莫过于信。"所谓"诚于中、形于外"，就是将所学的道理摄受于心，表现于外，亦即心念诚正则行动显现威仪。一切举动，如何与"道"相契合呢？必先具足"纯"、"诚"的心念。

纯就是纯真、单纯，没有杂染。凡夫由于受到后天的污染，一心直向欲境奔驰，所以多心、多欲。一切的罪恶以及业力，皆由欲念所致。要寻回真如本性，唯有去杂返纯，去伪归真，回归到自我的本来面目！

所以，学道应以最纯诚的一念心追求道理，设若只是成为装饰自己的名利，道则不纯、不诚；要以发自内心的单纯和真诚精进向道，方能培养出纯诚厚德，故知"道学行仪，纯诚厚德"，即是找回自我最重要的一条轨道。

什么样的人最可爱？什么样的人最可亲？

"人性之美莫过于诚"，以诚存心、以诚待人的人，最得人喜爱，也最值得人亲近！自无始劫以来，我们清明的本性因为受到社会环境的熏染而污浊，直到认识佛陀所教导的道理、了解人生的宗旨后,才学习去掉无明,回归纯真本性;所以大家一定要把握机缘"学行合一",战战兢兢地行于诚、精于道。

希望人人都能为自己开创一个可亲、可敬、可爱的人生;这也是大家所追求的目标——回归自我清净的本性。

团体美来自个人的美

我常常提醒并鼓励大家,要时时刻刻抱着一分感恩心诚恳地和人相处,以诚信待人。彼此若能守信重诺和信赖,则任何人我是非,都不会造成问题!

学道,一定要反求诸己。一个团体,乃由无数个个体所组成,人人对自己都有责任,若能常常坚固"诚心",一个团体有十个人,就有十分诚心;有二十个人,就有二十分诚心;整个团体若能同心发扬"诚"字,这个团体就是最美、最清净的团体。所以说团体的风气和形象,是每一个人的责任。

宇宙虽然广大,但是我们不可自认渺小,无法发生任何作用,我们应该要有自信,相信自己这个渺小的点,也能够影响无数个点。我们是慈济的一分子，一定要身体力行，检视自我的诚意，恢复清净的本性；人人若能恢复清净的本性，就能转娑婆世界为极乐净土。

道学行仪，纯诚厚德

要得到幸福的人生，达到真、善、美的境界，一定要依正道而行；人生的道路若能行得正、不脱轨，便是真善美的境界。孔子说："朝闻道，夕死可矣！"早上若能听到一句真理，并体会其真义，即使当晚咽下最后一口气，也能了无遗憾，可见"道"对于人生是多么重要啊！因为唯有识得真理，才能建设有意义的人生。

因此学佛一定要用心追求正道，充实内在修养，并且表现于行动威仪中；若能如此，即是厚德——德行厚重。

坦诚待人，则一切举动皆能受人赞美、肯定。孔子说："人而无信，不知其可也。大车无輗，小车无軏，其何以行之哉？"人若无信，就无法立身处世，有如一辆马车欠缺了马与车之间的连接杆，车子就无法运行前进！所以，做人一定要有诚信。

佛门"六和敬"的重点在于"和睦",而和睦最重要的条件是：相互坦诚。心存坦白、诚意,才能取得对方的信任；彼此信任,则一切行动皆能和敬——和而敬之。因此,我们的内心与行动要非常坦诚,才能彼此敬重,相互信赖。

以诚以信,深蓄厚养

灵源禅师说："衲子虽有见道之资,若不深蓄厚养,发用必峻暴,非特无补教门,将恐有招祸辱。"圜悟禅师曰："学道存乎信,立信存乎诚。存诚于中,然后俾众无惑。存诚于己,可以教人无欺。惟信与诚,有补无失。若诚不一,则心莫能保,信不一,则言莫能行。"

灵源禅师的意思是说：看人不可只看皮毛——不能只看他的聪明、谈论佛法头头是道,就以为很好；也不可因为他的学问广博,就以为很好；若不能真正地深蓄厚养——长久累积内在的德行、真诚的修养,而只是凭着世智辩聪,利用佛法搬弄口才,这样的人不但无法利益人群、教导众生,甚至还会污染佛门。

圜悟禅师则强调:学道最主要是心存信、诚——要有正确的心思、正确的见解及正确的道念;这些都发自于我们的正信——正确的信仰。有些佛教徒但凭一股热心,只知道要尊重佛、法、僧"三宝",对于教法却不求甚解,只是一味盲从,无法分辨是非;由于观念偏差,而造成错误的见解与行为,这种错误的观念害人不浅!

例如有些人自称信佛、学佛,但却忽略家庭的照顾,每天跑道场,执著于打佛七、赶法会,或者受戒之后回来就说:"这件事我不能做,那件事我也不能做。"使一个原本美满的家庭不得安宁! 像这样的人,尽管讲经说法再怎么好,又如何能圆融地负起人生应尽的责任?

学佛要力行、合群

学佛并非要脱离人群;能与人和睦相处,才是真正的学佛! 我常强调:每个慈济委员都必须从自身做起,从自我修养开始,渐进影响家庭,然后净化社会;这是我三十几年来,一直努力推行的佛教精神。

处于现今社会,觉得人生茫茫,不知道做人目的而耽于纸醉金迷的人比比皆是！

我们非常幸福，不但既得人身，又能听闻正法；社会上有些人虽然有心追求道理，但是现在的宗教很复杂，若无法正确地选择，往往会迷途而不知返。我们应该要心中存"诚"，不是为私"我"信仰，要为利益大地众生，选择正确的人生方向。

所以，学佛一定要学得内心纯诚厚德，不可只学得表面能说善道。只对文字认识深入，对佛法并无助益；总之，最重要的是身体力行。

信近于义，言可复也

"诚信"，是学道的根源。一个人要成就事业或道业，不能离开诚与信。凡夫心之所以会迷茫，就是因为彼此少了一分"诚"意，"一念无明起，三细六粗（烦恼）生"，相互欺瞒、诈骗的事也就屡见不鲜！

孔子的弟子曾参常常警惕自己："君子慎其独。"——在众目睽睽下能够保持君子风度没什么稀奇！因为人多时，会随时注意自己的言行举止；最容易疏忽的是个人独处时，以为没有人看见，自己的缺点及不符合道德的行为便不经意显露出来。所以做为一个君子，在四下无人时，更要提醒自己威仪端正。

孔子的弟子修身养性，就是这么谨慎！他们不单是训练自己的文学和辩才，更注重心性的修养。我们学佛者的目标是超凡入圣，所以要更加谨慎，清净心地。

说话时，不论对很多人说话，或只对一个人说话，态度同样要有诚意。"信近于义，言可复也"，一个人讲话非常有诚意，且这个诚是扎根于义的，则说话的人必能确实力行佛陀讲经"不增不减"的精神——对众人说法不增，对一人说法不减。这就是"信近于义"，也就是"发自于诚"。

闻思修要发于诚

想要心无杂染，就要有一分真"诚"的修养。佛法中"闻、思、修"——意指听经不是为了与人辩论，而是要好好用心地听；听了以后，深入地思考，悟透人生时间短暂，体会生命的宝贵；思考以后，将经中的道理表现在行动上,启发良知,发挥良能,该做的事积极去做,不该做的事要戒止;这一切都是发自"诚"心。

善的法门要勤修,恶的心念要息灭。所谓"勤修戒定慧,息灭贪瞋痴",戒定慧就是出于真诚的闻思修;我们学道要好好地培养这个"诚"字,设若缺乏诚心,任凭你说法说得再好,也只能暂时吸引人;然而如果言行不一,则无法使众生信服,反而侮辱了佛门。因此,会不会说法不重要,老实修行、身体力行才是最重要!

信是诚的起步

圜悟禅师说:"学道存乎信,立信存乎诚。"我们要以诚来学道,但是起步一定要从信开始;"信为道源功德母,长养一切诸善根",要学道、成就功德,一定要先建立自己的信用;若无法让人信任,则连做人的根基都欠缺,何况是学道、识理呢? 因此,我们每个人都必须好好维守信用。

慈济志业任重道远,这一条长远的路,最初也是起源于"信"。当初创建慈济医院时,没有寸土片瓦,我只不过说一句话："我想盖医院。"全省慈济委员就以我的意愿为意愿，努力护持建院志业。也因为这么一句话，虽然遭遇很多困难，但为了"言出必有信"，还是力行建院志业，这就是守信用、负责任。总之，"信"是做人的基本，建立信用后才能达到诚的境界。

圜悟禅师又说："存诚于中，然后俾众无惑；存诚于己，可以教人无欺。"一个人内心若能常存一个"诚"字，则开口动舌、举手动足，一切行为举止就可得到大众的信赖。做人常常存着一分诚心，才得以教导别人不可欺骗；自己若不诚实，常常欺骗别人，搬弄口舌是非，却要教诲别人不欺骗，那就很难了！

记得我计划创建医院时，有一次到土城拜见广钦老和尚。老和尚平日禁口不语，那天却对我说了许多话。有位委员问他："老师父！我们想建医院，您说盖得起来吗？"他拍拍我的肩头说："你心无欺，医院一定建得成！"当时，我体会到"欺"就是"诚"的相反；若有一分诚，医院一定建得成。如今，这句话已经应验了！

诚信是做人的基础

道业唯有以"诚"方能成就，人间的事业也是一样；若时常存心欺骗他人，说话欠缺可信度，这样的人无论到哪一个地方，都是窒碍难行。希望大家记住"唯信与诚，有补无失"。

修行者要能善体人意，不能只顾到自己的感受，而不站在他人的立场为人着想。我们应该学习善体人意：不要当一个常常需要别人来善解自己行为的人，而是要当一个能够常常善解他人的人。

我曾说过，什么人我都可以原谅，唯有"不诚"与"不信"这两种人，我比较不能原谅；但我不会放弃他们。平时说话不诚实的人，有时我就当他没说，有时会将他的话打折扣，十分只能信几分。至于无信的人，我不会重用他，不过，我同样不会舍弃他，我会让他有机会好好反省、改过。总之，"事相"上我必须去分别人的诚信与否，而"理相"上则不放弃任何人。

举手投足都在下种

我们要相信佛教所说的因果，不要以为此生结束后就什么都没有了！种如是因，将得如是果。慈济之所以有今天，全靠众人护持，这个缘是累生累世结来的，所以我们一定要相信"因缘果报"，一定要有耐心，不但要发善提心，还要有长远心，好好照顾我们的善缘种子。

开口动舌无不是因，你今天说一句话，博得他人信任、安心而生欢喜，解开疑惑，那你已经种了度化众生的因。身体的动作也是一样，大家一起辛苦工作后，却把善后的工作都留给别人，这就断了善缘的因。虽然你开始时做得很好，但是后来却招致别人的不满与怨憎，那么你就种下与众生无缘的因，将来你所说的话，人家不会采纳；你想合群，也会觉得很困难！

我曾经听人抱怨说："我抱着非常诚意的心来到这个团体，但是我觉得自己很没有人缘！"这就是我刚才所说的，本来与这个团体有缘，只是不能与人同甘共苦到最后皆大欢喜的时刻，就是差这么一点而已。所以我们既然付出了,就要有始有终、贯彻到底,做到整件事情圆满完成,这就是种欢喜因。

《地藏经》中《利益存亡品》也这样说:"举止动念,无不是罪",故知举手投足,开口动舌,无不是因,无不是业。举手投足之间,随时都在种因。所以我们每一天、每一时、每一刻,一定要抱持因缘果报的观念,处处谨慎,不要让众生起了厌烦的心。

学佛要学平等心

修行若能保持诚与信,则有补无失——有百利无一害。"若诚不一,则心莫能保;信不一,则言莫能行。"若诚不一,是说我们对别人的诚意不平等——对某个人很诚意,但是对另外一个人却没有诚意;对自己爱的人,即使掏心挖肝也无悔;可是对于不喜欢的人就不一样了,看他成功、健康,就会感到怨怒、气愤,不但不会生随喜心,反而会去破坏他,这就是没有平等心。

学佛就是要学平等心,也就是"怨亲平等"——不论亲疏爱憎,对一切众生都要抱持一个"诚"字。我们若没有平等心，就会偏护此人而排斥彼人，如此则不能保住菩提心；而菩提心一失，就落入小乘了。"信不一则言莫能行"——一个人若讲话不算话，绝对无法成就事业。

若能做到"诚"与"信"这两点，就是最大的修行；这两个字是一切智慧和福德的种子，希望大家在日常生活中相互勉励。

（编者按：灵源惟清禅师与圜悟克勤禅师皆乃宋代禅宗高僧，读者可于《大正藏》第五十一册史传部三之《续传灯录》卷第二十二及第二十五得知二位禅师之生平。本文内二位禅师之对话，读者可于《卍续藏》第一百一十三册《禅林宝训·顺硃》卷二详知内容。）

能受天磨方铁汉

　　修行的原则，一定要以孝为先，奉养父母，并且皈依三宝，守持戒律；而修行最重要的态度就是"诚"与"信"："存诚于己，可以教人无欺"，一个人的人格实以诚信而立，我们若能时时心存诚意，不欺不诳、不卑不亢，则一切举止动作、行为表现，都是无声的说法——不管身教或言教，皆可以启发他人内心的诚意。

修行必须心正意诚

　　佛法修行的法门很多，有所谓"八万四千法门"；佛陀说法四十九年，所接触的众生，根机参差不齐，有的人智慧门未启、有的人智慧很高、有的人执著很深，所以佛陀要用种种法门循循善诱。然而，不管是小乘法或大乘法，都不离"诚"与"信"。

佛陀教导我们学法不可偏差，但是有的人偏于打坐参禅，一打坐就想求神通，欠缺下工夫磨练、修持佛法的诚意，这样很容易产生幻觉幻听，一不小心就得禅病。

有的人偏于念佛、偏执于个人了脱生死，以为只要念佛就能往生西方，解脱今生的业报，这种信念是不正确的，欠缺了净土法门中"不可以少善根福德因缘得生彼国"的认知。想要往生西方极乐世界、了脱生死，必先在人间培植大善根、大福德；若只断章取义，就不是正确的信念。佛陀开演千经万论、无量无数的法门，绝对不离正信、正念，能够依止正信、正念，内心自然存诚。

人而无信，不知其可

"诚"、"信"两个字是修行之本——信为道源功德母，而诚可以成就一切事业；所以诚与信对我们有莫大的助益。孔子也说："人而无信，不知其可。"一个人若没有信用，讲话不能让人采信，则他的为人就不可能被人看重，他的一生也难以成就。因此做人绝对要言而有信，不可言而不实；做人一定要心存诚意，以诚待人，不可欺骗、隐瞒人。

修行就是要修整自我的心，使之不迷失。"是诚不一，则心莫能保"，连自己的心都保不住，何况是要得到别人的信用与敬仰？那就更难了！

所以我一再强调，诚正、信实是做人的基础。做人若无信用，即使说得天花乱坠，大家还是认为你能说不能做，这样的人如何发挥所长？因此，修行必须从"信、实、诚、正"出发。"衣食可去，诚信不可失"，我们可以寒无衣穿，饥无饭食，但是不能失去诚与信。

衣食可去，诚信不可失

殷商末年的伯夷、叔齐能受后代学者的尊敬，是因为他们有诚、有信，有清高的意志——当他们认为国无道时，甚至拒食这个国家土地所生长的粮食，宁愿流离他国、饿死他乡，这就是清高之士、信实之人；他们虽然因贫困饥饿而死，但是他们的精神与芳名，却永垂不朽！

古代的秦始皇统治天下，但是他不诚、无信、施暴于天下，使民不聊生、百姓受苦，而受到万世唾骂，无法取得别人的尊敬；所以说"衣食可去，诚信不可失"。

有诚有信的人就是"善知识"，像伯夷、叔齐，宁可舍弃衣食而饿死他乡，但其精神可以领导后世之人，我们应该要学习善知识的德行。"唯诚取信"——唯有一个"诚"字才能取得别人的敬仰信任，因此我们要非常谨慎，绝对不可失去诚信，否则就有欺人之嫌了。

有句话说："心若欺人，反自取其欺"，你若欺骗别人，其实是欺骗自己啊！你可能骗得了人家一二次，但当马脚露出时，则任凭你再多的花言巧语，也没人会再相信你，这等于是欺骗自己的心。所以，我们要谨慎莫欺人！

能受天磨方铁汉

我曾听过有人这样说——"佛法教我诚信，但是我以诚以信待人，别人却无法以诚以信待我，这样我很快就会被人淘汰，事业无法稳固。现在的时代必须相互竞争、欺骗、隐瞒，才能建立事业。"

这是不合道理的说法。一项事业的成就，必须凭藉我们的诚信待人，并发挥自己的实力，于困苦中力争上游，方能获得圆满的结果。所谓"能受天磨方铁汉"，当所经营的事业无法顺利成功时，除了凭藉自身的诚正，还得有铁汉般坚忍的毅力，屡挫屡坚，那么就能东山再起，重现新机。

宝石美玉从矿石而来，但若没有经过雕琢就无法发光、发亮；同理，人在世间必定要接受许多人事的磨练、考验，才能成为一个真正坚强的人。

不遭人忌是庸才

一般凡夫都容易妒贤欺能，能干的人不能被别人容纳，为什么呢？因为太自大了！我常常说"成功的第一秘诀要扩大心胸、容纳一切众生；第二要缩小自我，不可自大"。要将自己缩小到进入他人眼里、能穿透他人心窝，让人见了你而不觉碍眼，甚至能从内心接受你、喜欢你。所以，遭到别人妒忌、欺难时，要好好警惕自己！

然而，"不遭人忌是庸才"，若自己表现得很好，却遭到别人的毁谤时，要安心立足，继续发挥自己的能力、才干。

"能受天磨方铁汉"，是要我们磨练坚强的意志，当面对别人的赞叹或毁谤时，能如如不动、站稳脚步！"不遭人忌是庸才"是警惕我们要不断地努力，受人妒忌时要安然地接受；受人欺难时，也要勇敢地继续做该做的事，要有宽容的心接纳一切！

因此，不想受到别人的欺难，而能充分发挥良能，就要缩小自己，扩大心胸。被人欺难时也不要在意，因为"欺难"是凡夫的习性啊！所以我们要常常自我警惕，虽然自己很能干也必须缩小自己，不碍人的眼、不刺人的心，以温柔的态度对待人，扩大心胸容纳所有的人，尽量做到不遭人忌的程度；设若被人忌，也要欢喜接受，赶快自我检讨，诚心改过。

所以不管是在家弟子或出家弟子，我们都不要对和自己能力相当的人斤斤计较，要以平等心去对待众生。除了帮助比自己弱小而可怜的人以外，也要付出爱心去帮助能力和自己一样或比自己能力强的人。如此才能去掉凡夫心,成就我们的佛性。

　　因此,"不遭人忌是庸才,能受天磨方铁汉"也是磨练我们修行功夫的基础,如能接受考验,那么必然能守持三聚净戒和不犯威仪。

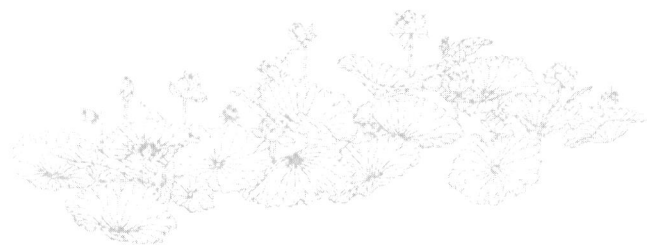

一、发菩提心

发菩提心，行菩萨道

五浊即净土

发菩提心,行菩萨道

　　学佛最重要的一件事,就是发"菩提心",修"菩萨行";唯有如此,才能成就无上佛果。

　　什么是"菩提心"呢?菩提就是"觉道",觉悟人间的苦难,发心求取正觉成就佛道,普度众生离苦得乐。然而发了"菩提心"之后,想要达到成佛的目标,一定要修"菩萨行"——精进持净戒,慈悲度众生;这是成就佛果唯一的途径。

　　佛陀教育我们,希望我们能够发菩萨心,菩萨的心怀就是《法华经》中《法师品》的偈言:"大慈悲为室,柔和忍辱衣,诸法空为座,处此为说法。"

　　佛陀平等说法,普施一切众生,而因为众生根机不同,接受的心得不同,所以佛陀必须苦口婆心地教化再教化。但是不论何种根机的人,都一定会感受到佛陀的心怀，那就是——"慈悲"。

《法华经》中佛陀教育我们——普天之下需要佛法流传，佛法由谁来流传呢？法师。何谓"法师"？就是拥有与佛同样的志向，行如来之行，与佛同样舍俗出家，担起如来家业的"出家僧众"。

法师必须能够将佛陀的教法完全吸收、内化，成为自己的精神、心怀；吸收佛陀的精神，体验佛陀的心怀，然后再以身作则、教化众生，这样才堪称"法师"。一位法师必定是经过佛法的洗炼，洗得心清净，练得志坚强，而且具足外柔内刚的气息。

心存大慈大悲接引众生

在《法师品》有言："大慈悲为室，柔和忍辱衣"，这是一个比喻——将我们的心比喻成"室"。如古人用"宅心仁厚"来形容很有爱心的人；"慧根仁宅"则是说一个人既有智慧又有慈悲心。

佛陀曾把三界譬喻成一个火宅，将宇宙比喻成一间大房子。人间就像一个大宅，若要大宅内充满温暖的气氛,则必须我们的内心——"心宅"时时刻刻抱持佛陀的教育与精神。所以佛陀教导弟子,若要引导众生,首要条件必须自己先有这分大慈悲心,以开阔的慈悲心包容一切众生,此即"大慈悲为室",也是佛陀明白的教诲。在教化别人之前,自己要先以"大慈悲为室"。

"慈"是指"无缘大慈",俗语说:"天下慈母心",妈妈疼爱孩子的心,与佛陀爱普天下众生如己子的心是相同的。所不同的是,凡夫爱的范围很狭隘,只限于爱自己的孩子——孩子快乐母亲就快乐,孩子成功母亲就觉得光荣;而佛陀则是以慈母一样的心,去爱普天之下的众生,视普天下众生如己子,普天下的众生安乐佛陀就安乐,所以称为"无缘大慈"。

"悲"是指"同体大悲",意即佛菩萨对众生的苦,感同身受! 就如一般世俗现象,社会大众携家带眷到动物园去,以欣赏关在笼里的动物为乐事。但佛陀则不然,当佛陀看到动物被囚时,是满怀的悲心啊! 因为若拿人类的生活与动物的生活相比较,看到它们被囚禁笼内不得自由之苦,还怎么忍心视它们的苦为我们的乐呢? 佛陀与凡夫不同的心境就在于此。

众生的苦就是佛陀的苦，看到那些动物时，佛陀悲悯它们的不得解脱，悲悯它们的愚痴，无法领悟佛法的境界。也因此，佛陀曾明示："人身难得，佛法难闻"，今天我们能够投生人间，就应该赶紧把握机缘、时间听闻佛法。

以"柔和忍辱"为衣

"大慈悲为室，柔和忍辱衣"，是佛陀提醒我们要好好看清天下万事，启发本具慈悲心，坚定行菩萨道的意志，以便施教众生。而想要施教众生，必定要先具备一分让众生喜于亲近的形态。众生喜欢亲近什么样的人呢？柔和有礼的人。一个人外表让人感触最直接的就是声与色。声，就是言语；人们讲话的语调有柔和，也有粗犷。同样一句话，若声调过高，人家听了就会不顺耳；若说得柔一些、软一些，听起来，就会令人觉得入耳又入心，所以声音要柔和。

除了声音柔和之外，形态一定要有礼貌。

人之所以称为"万物之灵"，在于识"礼、义"、知"廉、耻"。孟子曾说:"人之异于禽兽者,几希!"以衣服为例,所有畜生都不必穿衣,披毛带角就是它们的形象;但是人就不一样了!人必须穿衣蔽体以遮羞耻。一般人大都注重服饰穿着,红、黑、白、长、短、千姿百态都有。维持社会安宁的警察、警官,或是宪兵,海、陆、空军等,也各有各的制服,以表示他们的岗位、职守,让人一看便知。还有宗教家,若是正信且受社会敬仰、公认的崇高宗教家,也一样有整齐的制服——例如天主教的神父、修女以及佛教的比丘、比丘尼,一看即知其身份。

然而,什么衣服穿起来最美呢?其实,真正的美无法用衣服装饰得出来;真正美好的人生,也不是靠有形物质经营出来的。普天之下最美的一件衣服是无形的,那就是"柔和忍辱"衣。人人都喜欢柔和忍辱的人,一位柔和善顺的人即使身穿粗衣粗布,也会由他内在散发出来的修养,让人一看就心生欢喜,被他柔和敦厚的气质所吸引!

更何况我们佛教徒,大多数是在家居士,很难由衣着上分辨我们的身份,但是有一项可以让人看出我们是佛教徒,那就是"修养"。用你的修养、形态和平时讲话、待人接物的"形色",来表示你是一个虔诚的佛教徒——也就是以"柔和忍辱"作为你的衣服。

透彻世间诸法

我们要怎样才能忍辱、如何才会柔和? 就是要透彻一切道理;若能透彻道理,看开世间的名利、地位,自然会有宽大的度量来容纳世间的人与事。如此,态度就自然柔和了!

人人皆有佛性,但是受了后天社会各种形态的熏染,而有了不同的习气和心态。

我曾在报上看到一则报导。两个亲兄弟在同一家公司上班,平时在家就常常因意见不合而吵架;在公司也为了职位问题互相明争暗斗。两兄弟时时抱着一种怨恨、嫉妒的不平衡心理,积怨甚久! 一直到除夕夜围炉,因酒后起冲突,大哥杀死了弟弟,再服毒自杀。

这是现代社会所发生的家庭悲剧! 同胞兄弟一起相处了二三十年,怨恨不断地累积,到最后竟然以恨相对,毁了彼此终生。这就是凡夫心——看不透道理。学佛，就是要学看得开世间一切名利，透彻道理；在理中处世，则"有道行千里"，自然能事事皆通、包容一切，并时时广度众生，为众生说法。因此讲经、说法教导别人之前，一定要先以身作则，首先要有慈悲心——"大慈悲为室"；然后表现柔和忍辱——"柔和忍辱衣"；这都必须先体悟"诸法空为座"的道理，才能表现以身作则、领导众生的行为——"处此为说法"。

诸法空为座

学佛最要紧的是菩提心，所以修行必须发菩提心。

出家人名为"沙门"，沙门有三种意思，其中一种叫"怖魔"。

什么是魔？就是"障碍"。想要出家的人有许多障碍，有的是外境起障碍——也就是个人外在的业力使自己不能很顺利出家；有的人是内心起障碍——若没有受外境阻挠，出家之后内心的心魔也会作怪。所以我常常说，非常顺利出家的人，不见得能够成功；而在出家之前，历经千辛万苦仍不受环境折服的人，出家一定成功。这就是说，能经得起社会人事的磨练而发大心的人，才是真正能成功的人。

所以，学佛一定要发菩提心。唯有发菩提心的人，才能坚定信心、坚定毅力而产生勇气，如此才能脱离魔掌。

前面已经说过什么是菩提心？菩提就是"觉道"。从凡夫地到圣贤的境域，必定要有一条通路，即是觉悟的道路，而菩提心就是觉悟的道心。

"学佛"不同于"佛学"。学佛是学做佛，要学习佛陀的精神、慈悲的心念，学习佛陀为众生吃一切苦的心，如此学佛才能成佛；而佛学只是研究其中的教理，推究其文字，在文字、名相上打转，这只不过是世间的学者。佛教中有一句话说"所知障"——若只想研究佛学，不肯真正发菩提心学佛，对自己而言是很大的障碍；因为知道得多，往往容易生起我慢心，无法真正谦卑诚恳、发名扬实。

若能发菩提心，一定可以成佛，这是真正的学佛。培养内心的大慈悲，视普天下众生如我们的亲眷，用柔和忍辱的态度待人接物，了解一切道理，透彻菩提的道路，那么世间名利就没有什么可以计较的!

例如慈济医院的筹建,即不以营利为目标,而以救人为目的。

记得慈院启业之初,花莲有一位贫困的劳工患了胃疾,到花莲一家医院住院治疗。住了将近一个月,由于医疗设备不足,医生们无法医治,所以向慈济医院请求支援。了解病况之后,慈院认为有办法处理,所以建议患者转院到慈济医院。

但是,患者认为慈济医院当时尚无劳保,尽管他的病体已经非常危急,还是迟迟不肯转院过来,最后慈院院长与医师讨论后,认为人命关天、救人第一,所以将医师和仪器整个转移到那家医院的手术室,为患者开刀治疗。

一切无代价的奉献,完全以救人为第一。这就是我们的目标——不求名、不求利,只要能够救人,不管患者住在哪一家医院,都能为他服务,这就是人事上的"诸法空为座"。

我们的日常生活,时时处在人与事之间,离开了人与事,就没有佛法可修了! 所以,要时时开扩心胸为一切众生工作，为一切人群服务，这就是发菩提心，也就是"诸法空为座"。

运用一切法而不执一法

每个人都想得到真正的幸福，而内心能够真正宁静才是最幸福的人。那么什么样的人心境最宁静呢？就是佛菩萨和圣贤人！他们的心境最宁静。他们不会被恶劣的环境所侵扰，不会受世间的事相而乱了心，永远拥有毅力和信心，不管是面临大风大浪，不管是道路崎岖不平，他们总是安然自在、庄敬自强。

究竟佛菩萨和圣贤们是用什么方法才能使心宁静呢？——"诸法空为座"，即运用一切法而不执一法，不执著法就叫做"法空"；他们看得透世间、看得透人生——人生几何呢？只不过在呼吸间罢了！有什么好计较呢？

重要的是应把握因缘，藉由服务众生而随顺度化众生。因此，不但要能施教，还要能够身体力行；不但能身体力行，还要能无所执著。除了不自认比别人高明，也不会分别众生比自己愚痴，所做的一切，都是为众生而做——说法是为众生而说,修行是为众生而修,一切皆归功于众生。

焕发慈悲的真善美人生

古人说:"不经一番寒彻骨,焉得梅花扑鼻香?"由于梅花能够耐寒,才能在冬天开花;所以,我们必须学梅花及松柏的精神,遇到任何境界都要欢喜接受磨练。学佛,就是学习锻炼自己得以"大慈悲为室",身着"柔和忍辱衣",而成为一位具足仁心仁宅的觉者,如寒冬中的暖流,给人温暖。

"诸法空为座",人生唯有从佛法中才能够真正彻底了解生理、心理、物理等现象所蕴涵的道理,也才能了解到所谓"一切法皆空"的道理。

希望大家尽量体会、培养自己慈悲的内涵;当具足慈悲的内涵时,自然就能以柔和忍辱为衣,也自然能透彻了解世间一切道理,而内心不起丝毫执著的自利利他;若能做到这样,就是最清净、最美好的真善美人生了。

五浊即净土

心净则土净

学佛注重的是实践,要身体力行。一个修行人若只"想"参禅学道,心却定不下来,没有明确的目标,则徒然空过时日。所谓一理通则万理彻,我们一定要把握时间,不要浪费人生。菩提觉道是要我们向前迈进,不是站在十字路口,用嘴巴呼叫或问过路人,一定要真正身体力行。

《净行法门》曰:

"凡修净土须善发心,若为自己厌五浊、忻九品,则违菩提心,是声闻行,不应发也。若为众生起大悲心,救度一切令共成佛,则顺菩提,是菩萨行,应当发心。"

一般人以为,造福人群只是修福而已,所以要赶快找时间念佛修慧、了脱生死,这是错误的。净土法门鼓励我们以造福人群来成就道业,念佛是培养善根而已,必定要有"福德因缘"作为成佛资粮;所以,修净土的人也一样要好好的发心——发菩提心。

"若为自己厌五浊、忻九品,则违菩提心。"——娑婆世界是五浊恶世有五种不清净。但是,我们若认为世间有这么多烦恼、苦恼、不清净,而厌弃五浊恶世,一直欣羡极乐世界的黄金布地,希冀追求清净的境界,这样就违背了菩提心。须知,佛教以莲花为标识,污浊的泥土里才能开出清净的莲花。所以,希求极乐世界清净国土的人,仍旧是不能离开五浊而做佛事。

学佛一定要学得"心清净",不受世事的染著,若能这样,五浊即是净土。因此,佛陀说"心净则土净"。学佛能以清净心在五浊恶世中做佛事,才是真正发菩提心。

厌弃五浊的修行人每每会说:"人命无常啊!世间这么苦,若不赶快修行,不能解脱,以后还要再回来做人,这样太辛苦了!"这是一般对佛法见解不纯正的人所发出来的言语。学佛应该要有正知、正见,就如医生学医是因为世间有病人;我们学佛是因为世间有业重的众生,佛陀是为众生而修行,也因为有众生才能成佛。我们不可畏劳怕苦,必定要有一分毅力、勇气来堪忍。

"忻九品,则违菩提心"——若逃避现实、为求清闲享受,欣慕西方极乐世界、莲花九品而学佛,这是"声闻行"。声闻者亦同样是佛的弟子,很爱听闻佛法,推究佛的道理,却不肯发大心。我们学佛不是要学声闻,现在有很多人极爱听经,但是听归听,请他身体力行却无法做到,这就叫做声闻行。

我们既然学佛,尤其是处于现今社会,应该拿出勇猛的毅力,不可停滞于消极、只爱听不愿行的境地。所以说,学佛不要只想听法或如何研究佛学,一定要闻而思、思而修。

"若为众生起大悲心,救度一切令共成佛,则顺菩提,是菩萨行,应当发心。"世间众生多苦恼,我们要身体力行走进苦恼的众生中而不逃避,以众生的苦为苦,为他们承担一切苦,才是真正的大悲心。这就是地藏王菩萨的愿——"地狱未空,誓不成佛"。若有一人堕落地狱,决不成佛；所以说："我不入地狱，谁入地狱？"苦难的地方我不去，谁去呢？这都是诸佛菩萨的本怀。

排除魔障，共成佛道

我们都是佛弟子，担负如来家业是我们的责任，应该要学习地藏菩萨的发大愿，使令一切众生皆成佛道，这样做就是真正的发菩提心、行真正的菩萨行。

佛陀来人间说法教化，不是只说给我们听而已，而是希望人人能身体力行；能够力行者，就是菩萨。所以我们应当好好发心！设若没有好好发心，很快就会受三界魔王的魔军障碍，将我们慑伏，这样就无法真正走上菩提大道。

希望大家好好学佛，不要只趋向佛学的研究，在其中打转；研究佛学而不肯真正学佛，就像苍蝇钻玻璃，再怎么钻都钻不出去；即使对佛教的文字、名相了解很多，所换得的只不过是"所知障"。所以我们想要事事无障碍，只有靠信心、毅力和勇气，并且身体力行，学习佛陀的精神，自然可以拨除内外的魔军障碍，佛道必定能成！

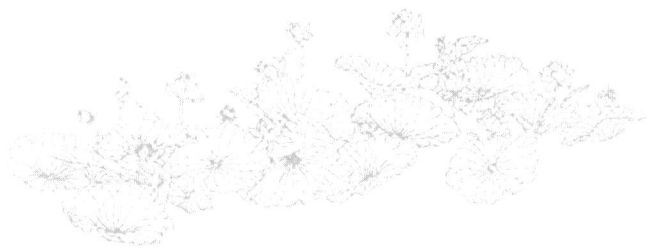

二、深信因果

珍惜今生福

知福惜福再造福

❦❦ 珍惜今生福

深信因果

学佛者除了发菩提心、修菩萨行,还要"深信因果"。在《地藏经》的《阎浮众生业感品》里,佛陀明明白白地告示我们:"未来世中,若有男子女人不行善者、行恶者、乃至不信因果者、邪淫妄语者、两舌恶口者、毁谤大乘者,如是诸业众生,必堕恶趣。"凡夫众生,常常因迷失了自己的心性,活在醉生梦死中,不知生命的价值,不畏因果的可怕,妄造许多恶业;但是却不知为善造恶,一切果报还自受! 所以懵懵懂懂地做了许多不应该做的事。

在此举一古代所发生的"一字因果"故事给大家作警惕:

在唐朝,有位立下"一日不作,一日不食"清规的百丈禅师,他平常上堂说法时,总有一白发老人跟着大众进入法堂听讲。有一天,禅师开示完毕,大众都退下后,却只有他逗留不去,百丈禅师就问他是谁。

老人回答说:"我并不是人,在很久以前的迦叶佛时代,我曾在此山修行,当时有个弟子问我:'大修行人还落不落入因果的法则?'我当时回答说:'不会落入因果法则。'结果因为这样,五百世来我都转堕狐狸身,至今仍不知错在哪里?请求和尚慈悲为我明示,让我能早日脱离野狐身!"

禅师回答:"你请问吧!"

老人请示:"大修行人还落不落入因果的法则?"

禅师回答:"你应该说:'不昧因果法则'。"(昧,违反之意也)

老人闻言大悟,向禅师顶礼说:"蒙大师开示让我能脱却野狐身,我住在后山,请求大师依照亡僧的礼仪埋葬我!"第二天,百丈禅师依言带领大众到了后山,果然在洞穴里找出一头野狐的尸体,便按照礼仪将它火葬了。由这个故事大家明白知道,这位白发老人只因为一"字"之差,而"失之毫厘,差之千里",由人身转堕野狐身,正是"因果"法则的最佳诠释。

试想出家为僧的修行人尚且如此,何况一般凡夫众生?

既然我们开始学佛,了解因缘果报的道理,就应该深信佛陀的教诲,须臾之间不可造次!必须时时刻刻注意自己的起心动念、言行举止,因为"种如是因,得如是果"啊!

"三世"因果

大家都知道佛法常说"三世因果",但是并不了解它的意义。世是"时间"的意思,三世就是过去、现在、未来。若以长时间计算,就是前世、现世、来世;若以短时间计算,就是昨天、今天、明天,都叫三世,也就是时间的过去、现在和未来。比如昨天是过去,今天就是现在,今天之后就是未来。"因果"呢?就是"因缘果法",种时叫"因",得时叫"果"。如果种善因则得善果,种恶因则得恶果。亦如现在的"慈济"就是由过去大家长久努力的累积(因)所

成就,所以才能获得今日海内外善心人士的支持与鼓励
(果)。然而慈济仍需面对不断的"未来",因此今后更要
加强我们的发心与努力。如果现在不怠惰松懈而殷勤工
作、精进发心,自然未来的发展将会更蓬勃!

　　如果大家相信三世因果,自然会不断地努力。古人
有句话说:"人唯知道有来春,所以留着来春谷。"因为知
道有明年的春天,所以将秋天所收割的稻谷,留着一些等
候明年春天播种。这是人类为了生存,所以预存来春播
种的种子。

　　"人若知道有来生,自然修取来生福。"人如果相信还
有下辈子,就会好好地修福。今生今世能丰衣足食、生活
在这么幸福的社会中,正是过去生中所造的福;如果希望
来生还能再续福,今生就得好好地为来生造福,积聚来生
福报。

　　所以,三世因果并非迷信。以待人处事为例,如果希
望别人待我们好,就必须先对别人好;希望将来得到人人
的护持,就必须现在多多付出! 总而言之,就是要把握现
在,自我付出、利益人群。再举慈济医院所发生的实例:

记得某年除夕夜,有几个家庭发生不幸事件。其中有个家庭,先生骑摩托车载太太出外买东西,却在刹那间发生车祸,先生当场往生;太太的肚子还怀着两个月大的孩子,被送至医院的加护病房。如果救活了太太,等于救活了两个人;如果救不活,即将丧失两条命;或者救活之后,变成只会呼吸的植物人……胎儿在母亲的肚子里,只要母亲一息尚存,其性命尚能保得住,但是看情况实在不乐观,随时都有危险,真是人间一大悲剧!

加护病房中另外还有两个孩子,年龄才八岁、九岁。一个因为在屋外燃放鞭炮玩耍,被来往的车辆撞伤脑部。还有一个因为把鞭炮放入石缝中,伸手进石缝中想将鞭炮取出,结果被三条龟壳花咬伤,送入医院急救;而他的大哥也在医院中!

他的大哥是先天性的动静脉畸型,到十六岁才开始发病,病发之前全无征兆,忽然间便倒地不起!送到慈济医院接受脑部开刀之后,一直平安无事。没想到过年前突然再度病发,昏迷不醒。

两个儿子先后送入加护病房,令父母忧心如焚!所以当我初一早上访视病房时,孩子的父亲一看到我,第一句话就说:"师父! 我多么不幸啊! 为什么所有的不幸都发生在我家……"

同一个天空下,有的人如此快乐、平安,过着幸福的日子;有的人却一而再、再而三,连续发生不幸的祸事。总而言之,这叫做业力,也就是因缘果报。所以大家要常常警惕自己的起心动念和所作所为。然而幸福中的人,是否能想到那些不幸的人呢? 学佛者即使在安乐幸福的日子里,也一定要为贫困、不幸的众生多设想、多考虑,也就是平时就要多种善因,多积福德。

又如过年期间,人人见面都说:"恭喜发财!"健康、发财是人人想要的,当然,我也恭贺大家都能发财,除了发世间财之外,更希望大家发心修取佛法的丰富法财。然而想获得丰富的法财,自己一定要先努力地付出。

及时种善因

就像一粒种子,若将它装在袋子里,尽管是颗种子,但缺少了"缘",一样无法发挥作用。若将这粒种子拿出来,选择在春天的时机种到土里,有泥土、水分、阳光的聚合,这颗种子就能发芽;如再经由良好的灌溉和施肥,自然能从幼苗长成大树。例如荔枝的种子小小一粒,而它的"因"就存在小小种子中,一个微细如毫芒的芽,如果将它种植土里,经由阳光、水分的培育渐渐成长,等到成熟季节,自然结满累累的果实。

大家想发世间财,一定要先种因造福,只要造了福,世间财就自然而来。《地藏经》中有句话说:"舍一得万报",只要你肯"舍",虽然是一点点,也可能得到不可思议的回报,就如真正发了济世救人的心,就会得到无量无边的福报。慈济每年的善款都是用于四大志业、八大脚印,这些善款都来自诸位大德每个月点滴所乐捐。因为有这些善款,使我能很充裕地发挥救急、救难、救病、救贫的功能;由于大家每个月的施舍,能使得好几万人得到救济和平安,这就是《地藏经》中所说的"舍一得万报",也就是舍了世间财,换得了功德法财。

然而,这样的善举必须依智慧作抉择。有人说:"有钱为什么不自己留着用,要拿给别人用呢?"有这样的想法,就是世间凡夫众生。就像一颗种子放在袋中不拿出来播种,将会错过生长时机、无法发挥它的良能。所以必须及时将它播种和培育,才能使这颗种子发挥功能。正如自己亲手去布施,比留给子孙替我们做布施的功德还要大,而且儿孙自有儿孙福啊!

佛陀教导的理财法

佛陀曾教我们理财之道,即是将财产做四分法,以善用世间财,培育功德法财。

首先将财产分作四等分,将第一份用来报答父母恩。万善皆以孝为首,人要以孝为先,修学佛法也要以孝为先;将财产的四分之一供养父母,让父母的生活温暖饱足,他们想做什么事业或善事,想布施或拜佛,都要满足他们,完成他们的道业。所以,一定要以充足的生活资产孝养父母,让他们能够自由运用。

第二份用于培育下一代。做人要有责任心,要为子女留一份基金,使其能安心完成学业。所以,四分之一的财产是为子女留存教育基金。

第三份留作家庭生活平安的事业基金，即现世生活的费用。

第四份用来供养三宝、做社会福利救济事业。佛陀教育我们应延续佛的慧命，如何延续呢？就是要造福人群，将四分之一的财产做社会福利事业，同时进修自己的福业和慧业。

今生此世能生长在这福地，享受丰衣足食的生活，是因为我们过去生中曾累积了造福人群的福业。佛陀希望我们的"福"能绵延不绝，所以鼓励我们以四分之一的财产造福人群、布施众生，这就是舍世间财修取功德法财。因此我在此与大家共勉，希望大家学习佛陀所教导的理财法，来处理世间财，为自己培福和造福。

知福惜福再造福

慈济志业，福慧双修

　　佛陀一再教育学佛者要与佛心一致，所以鼓励大家要常念佛。念佛法门是佛教中修行最方便、最安稳，也最简捷的一个法门。但是，念佛只不过是一种方便法，最重要的还是要能深入念佛法门。念佛法门到底教我们什么呢？教我们"福慧双修"啊！教我们好好的修福、好好的修慧。

　　智慧是从善根中产生，所以要好好的培养善根。想培养善根就必须扫除烦恼的念头，去除不良的习惯、不好的见解，将邪思邪念转成正思正见；扫除了杂乱心、烦恼心，智慧与菩提的善根就自然成长和显现，所以我们要念佛。而念佛最重要的是要"以佛心为己心"，念阿弥陀佛就是以阿弥陀佛无量的智慧、无量的光明，为我们的智慧与光明；以阿弥陀佛的恒常心为我们的心；以阿弥陀佛的慧命为我们的慧命，这就是培养善根。若能念到这种程度，我们的智慧就能逐渐具足和显现了。

但是只偏重于修慧也不行，一定还要同时造福人群，意即修福。修福就是要付出，真正身体力行的付出。例如慈济志业，虽是救济人间的事业，其实它就在培养我们的善根福德。因为娑婆世界多苦难、多病厄，这些苦难、病厄的众生，由于过去生中缺少修福，所以今生此世遭受贫穷、病苦折磨，需要别人的帮助。

佛陀救济众生，只凭一分力量做得到吗？不可能的！所以他要启发众生、教导众生。以佛心为己心，以菩萨的手做我们的手，发菩提心、行菩萨道救度众生；众生若得救，就等于累积了我们的福德；贫困众生若得到我们的实质帮助，在佛性中我们便可以种下成佛的因。此即藉事以启理，藉这些贫困的众生，启发我们悟见佛陀的真理。

因此要懂得"舍"，若舍不得就不能去除烦恼！人生的烦恼，多数都从"欲"产生，要去除欲念，就要"舍世间财，修功德法财"，将世间的物质布施给众生，自然可以得到法财。所以,佛陀教导我们念佛的法门,就是要我们福慧双修;而福慧双修即是舍世间财,修取功德法财。

贫中之福

人生是苦,一切众生随业力牵引而分布不同地方,由不得迷茫众生自由选择,这是因为"不觉";所以佛陀出现人间施行教育,教导众生了彻人生的道理——"觉道"。如何觉道呢? 就是要发菩提心,修菩萨行。如何修菩萨行呢? 就是要多发心,为苦难众生多付出!

世间苦难有多种,有贫困的苦难、处于战火的苦难,有饥荒、无粮可食的苦难。由新闻广播等媒体,我们清楚可见! 例如巴勒斯坦因战争不断,曾发生断粮情形,造成饥荒。他们的民生物资都来自外援,然因战火不停,援粮路线都被截断,使当地居民濒临饿死边缘;由于无法得到外援,百姓无粮可食,落得吃猫、吃狗以度日,甚至向政府要求吃人肉以维生。由此可知,只要国家战火不息,将导致百姓不得安宁、长久处于生命危险和断粮的危机!

和他们悲惨的景况相比,今日的台湾真是幸福无比!

但是在这丰衣足食的社会里，也一样有暗角的苦难众生受饥、受寒，迫切需要济助；所以大家要发心，一起呼吁社会上的爱心人士，来帮助这些贫困众生。

虽然台湾地区难免也有暗角的贫困众生，但是和国外相较，他们还是满有福！因为在台湾地区有像慈济这样的善心团体——几百万善心人士的救济，给予温暖的照顾和帮助。反观国外遥远的战区，虽然我们有心伸出援手，但因政治因素而心有余力不足。

知足感恩，惜福造福

生长在物质生活不虞匮乏的台湾地区，我们还有什么不满足呢？能共同生长在这块福地，是因为过去生中大家培福和造福，所以我们应该感恩于过去生中曾造这分福因，才能享受今天这分福缘，在此安居乐业。因此，希望大家要有知足、感恩的心，并且懂得知福、惜福再造福；要惜福唯有发菩提心，把握因缘赶快发挥爱心再付出！将过去丰收的种子及时播种，使来生来世能延续这分福缘，再生活于平安幸福的福地，继续行菩萨道。

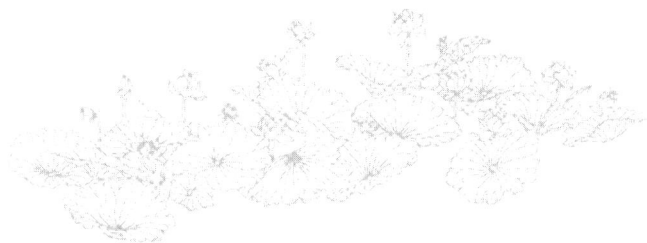

三、读诵大乘

宇宙是我们的大学

志玄虚漠，守之不动

宇宙是我们的大学

学以致用，受而持之

一年三百六十五天，每天清晨大家都在大殿持诵早课，一般人称之为"修行"。其实，是否这样就叫做修行呢？每天课诵完毕，曾否将课诵内容融入日常生活中的行仪？是否将经文所教"学以致用，受而持之"？如果有，才是名副其实的"修行"。

受持的意思，就是接受并拳拳服膺。我们读诵经文后，能将经文的意义在日常生活中应用，就是学以致用；若能分分秒秒都受而持之，则每一刻都是在修行。"如人饮水，冷暖自知"，只有自己亲身体验，才知道个中滋味！

如果能将所学经文于日常生活中学以致用，也就是在二六时中皆能受持、修行、学习，那么就不需远至深山或离开人群,也不必到另外一间学院去修学。我常说:"一天是一张纸,一个人是一篇文章,宇宙之间就是一所大学。"我们自己身处于大学中而不自知,身为宇宙大学中的学生,却偏偏要跑去入小学。其实,能够在日常生活中发挥大慈大悲、大雄大力的力量,却偏偏要隐藏起来,这就是浪费人生。请大家自我省思,相互勉励!

如一众生不成佛,终不于此取泥洹

《楞严经》中第三卷阿难说偈赞佛的一段偈文:

如一众生未成佛,终不于此取泥洹,

大雄大力大慈悲,希更审除微细惑,

令我早登无上觉,于十方界坐道场。

这段赞颂偈,给了我们很好的启发,是最好的学佛途径。学佛者必须学这分大雄大力、大慈大悲的宏愿——"如一众生未成佛,终不于此取泥洹",修行并非要求快速成佛,而是要发愿救度一切众生。如果还有一人未成佛,终不于此取泥洹(涅槃也,意译灭度、圆寂),意即不愿修取菩提正等正觉(成佛),这也是广结善缘的宏愿。然而,要广结善缘就必须常常警惕自己,善加化解烦恼,并且要以"爱"和"包容"来接纳每一个众生。

去除烦恼,广结善缘

与人相处,难免会有投缘、无缘、欢喜或不欢喜的分别。有时候别人无心说的话,我们却有意钻牛角尖、自取烦恼,这样就是凡夫;凡夫总是自寻烦恼,而不懂得去除烦恼。学佛就是要善加化解烦恼,化解别人的不悦与刻意伤害。

烦恼的产生一定都有其原因,所谓无风不起浪,人家为什么对我们不投缘、不高兴? 必须好好地审思,找出其原因,尽量做到使人高兴,解开别人对我们的误解或恶意。

人与人之间的"缘"非常重要! 若能在今生今世,减少众生对自己的不满意和广结善缘,一旦因缘成熟即得速成正觉,在娑婆世界"坐道场,弘扬佛法"。

但是如果不先去除烦恼,就得不到大雄大力,也无法发挥大慈大悲。在我们的宇宙大学中,必须时时刻刻"审

除微细惑"。审是思考,除是去除,微细惑是烦恼,所以
"审除微细惑",就是好好地仔细思惟,找出烦恼并将其净
化排除。

　　(微细惑就是九十八使,九十八种烦恼。使,即烦恼
之意,从我们内心中的五蕴(阴)——色、受、想、行、识衍
生,再由地、水、火、风的四大假合细分成六十二见、九十
八使。这些都是人的心理状态。)

　　所谓"舍得"是要舍什么,你们知道吗? 就是要舍烦
恼。舍去烦恼才能得到智慧与大雄大力,发挥大慈大悲。
有大慈大悲才能四通八达,一切无碍! 当初,佛陀并非单
凭他一人觉悟就能教导无边众生,实际上,是由周围的弟
子帮助他广设道场、广结善缘,佛才能将自己的慧命发扬
光大、利益众生。所以,我们若想发挥大雄大力,必定要
在今生广结众生缘。

　　佛陀常常教导弟子要时时与人结好缘,也曾讲述了
一段他与阿难的往昔因缘,希望弟子重视因缘,多结
善缘。

长者与小沙弥的善缘

在久远劫前,有一位老师父带领着一群小沙弥用功精进的修行。老师父常常叮咛小沙弥们,要多多利用时间背诵经文。所以小沙弥们也谨记师父的教诲,于行、住、坐、卧中都非常用心的依教奉行。

有一天,有一位小沙弥出门托钵,边走边大声地背诵经文。背着背着,竟然忘记了"托钵"这回事……

有位长者看到小沙弥过门而不入,觉得很奇怪,就追了出去问道:"小沙弥、小沙弥! 你的钵还是空的呢! 请接受我的供养好吗?"

小沙弥停下了脚步,接受长者的供养。

长者问明原因,很赞叹小沙弥的精进,就说:"你以后专心的用功办道,让我来供养你的生活所需。"

小沙弥心怀感恩更精进的深入经藏……

修行不能离开人群

佛陀说完这个故事,告诉弟子:"当时的沙弥就是我,而那位长者就是现在的阿难。阿难生生世世都护持我，我则引导阿难入正知见，这都是因为过去广结善缘的结果啊！"

人与人间的相处，有"因"必有"缘"。有了因缘，才有相互对待的结果和彼此感受的回报。人无法离群独居，在人群中必须相互依存才能生活，所以要"安处于群众"，需与人结好缘。

释迦牟尼佛离开皇宫到处参访、求道时，曾经在苦行林六年静修，但是他成道之后，为了教化众生，还是必须回归人群，所以修行不能离开人群。

总之，与人结好缘，将来有朝一日有所成就，才有办法、能力及因缘度化众生。所以，广结善缘是很重要的。

眼睛"听"，耳朵"看"

对待每个人，我都是用眼睛"听"、用耳朵"看"，为什么呢？因为要了解一个人，并不是只用眼睛看、耳朵听就可以；透过眼睛看、耳朵听之后，还要再经过审思；也就是说，我虽然看到形态而同时也能"看"出其声音，听到声音时也同时"听"出其形态；听与看平行，好好地审思，如此，才能将烦恼治除。

所以，别人说话时，我会好好地听，一边听、一边体会话中情境的虚实。我若只用眼睛看，难免会像太阳被乌云遮住。因为我也是人，人难免都会有烦恼；可是，只要给我一点时间，我就能将别人所说的话，好好地再思惟、再思考。

所谓学佛，就是学如何去除烦恼！凡夫难免有烦恼，但我们仍要用明智、敏锐的智慧，好好地审除烦恼，才能以清净广阔的心胸来包容他人。

扫地扫地，扫心地！

每年为了迎接新的三百六十五天，大家都忙着除旧布新，清扫环境。打扫环境为的是什么？是不是真的为了过年？不是！是为了建立崭新的人生。

若只会扫地而不懂得扫心地，又有什么用呢？修行人的心，决不能存有丝毫脏乱；如果有了脏乱，就像一间没有打扫的房子，难以开门见人。希望大家在新的三百六十五天中，都能维持内心的清净，这就叫做成就。总而言之，就是希望大家把无用的烦恼从今天开始弃除，过一个崭新的人生！

法亲浓于世俗亲

静思精舍是一个大家庭，和其他的寺庙不同。一般寺庙在过年时，都是香客去拜拜佛、添添油香就离开了，好像是过路的陌生人。可是静思精舍不同！每一位来到精舍者都在过去生与慈济结下善缘，此生来此再相聚！所以，我们比世俗的亲更亲；俗亲是一世的亲，而慈济道侣是生生世世的法内至亲，无穷无极……

慈济是一个大家庭，我们要将各地回来的师姊、委员，当作我们的亲人。但是，并非让他们来此礼佛就表示"亲"，而是要让他们体会佛法的精神。学佛并非只听法师讲经、师父开示，而是要从日常生活中去自我体会，才是最好的机会教育。

譬如走路，我常告诉大家走路要轻声，但是却常常听到有人走路拖泥带水，老一辈的人如果听到就会教训：

"走路不可用拖的,要轻步行走!"因为行、住、坐、卧都必须教育,修行人遵循古礼的教育。

所以,走路必须教育,若自己走得轻、稳,也要教人走路时脚步放轻。开门也一样,动作要轻柔,若碰撞、发出声响,就表示心没放在手上;如果开门时把心放在手上,轻轻地开、慢慢地关,轻开慢放自然不会有声响。若能做到这样,就是身教——手和脚的教育。

又如说话也是一样。彼此互相勉励,多说好话,是非不提——师父如此说、佛陀如此说、经典如此说,此即是"如是我闻"。这就是"口"的教育。

希望每个人都能以身作则,从本身做起,然后教育家人,建立美满的佛化家庭,进而影响社会,净化人心。为了要使我们的下一代接受佛教,不能一直以口说教,一定要用亲切、发自内心的诚意去感动他们! 凡是来到精舍者不分老、幼,都要亲切地招待、温柔地照顾。年老者以佛法甘露水滋润其心田;年轻者最重要的是必须让他们能学习佛法,让慈济人的第二代都能得到佛法的教育。

迈向宇宙大学

三百六十五日一天天地过去，新的三百六十五日又一天天地来临。从今天起，我们要将所有的烦恼完全清除！以清净心来迎接每个新的日子，立下每个新志愿，过一个大雄大力、大慈悲的人生。

"宇宙之间是我们的大学，每一天是我们的一张白纸，每一个人是一篇最好的文章。"大家好好地思惟这句话的意义！

志玄虚漠，守之不动

《法华经》是经中之王

佛陀讲经四十九年，三藏十二部经中，有三部经是我们学佛者应该熟习并了解和实行的。哪三部呢？

第一部是《华严经》。《华严经》是三藏十二部经的经母，因为佛陀成道后讲的第一部经就是《华严经》。《华严经》有八十华严、六十华严，是佛为菩萨和天龙鬼神而讲，当时娑婆世间无人能听，以三七日的时间讲一部华严，此乃佛之境界。此经由印度龙树菩萨于龙宫读诵整理而出，佛陀的教法即由此经不断衍生出来，因此《华严经》称为一切经之经母。

第二部是经王《法华经》——即我们现在每天礼拜的《法华经》。有人说"成佛法华"，若要成佛必定要力行《法华经》的精神，所以《法华经》是一切经典之王。

第三部是《楞严经》。《楞严经》可以开启智慧，其内容是讲人的心念，教导人找回自己的心。众生会迷失自我，完全是因为迷失了心性，迷失心性就会埋没良知，因此所做的一切都是烦恼的罪业。所以，我们要找回本心一定要研习熟读《楞严经》，从读经中开启我们的智慧。

《法华经》既然称为经王，其实也是开慧之经。但是，其经义和意境不似《华严经》之演说十方法界诸大菩萨修行成佛度众之道，让人难以了解。其法门完全是佛陀对娑婆世界众生开示如何成佛的方法，是讲人间成佛之道。成佛一定要先开智慧，菩萨也是一样，要先扫除烦恼才能开启智慧。所以说，《法华经》上承华严的精神，下能引导楞严的经典，因此《法华经》是佛教的经王。

《无量义经》是法华的纲领

佛陀讲《法华经》之前，先讲《无量义经》，在这么多的三藏十二部经中，我很重视《无量义经》。因为《无量义经》是《法华经》全部的精粹所在，而《法华经》则是《无量义经》的注解。《无量义经》教我们力行菩萨道,启发我们与佛同等的智慧,不轻视自己的本性,并且引导我们如何教化众生。

其实,慈济的精神就是《无量义经》的精神。经中《德行品》说:菩萨的智慧是——"智慧日月,方便时节,扶疏增长大乘事业。"菩萨的智慧像日月一样,有智慧的人要教化众生,必定以众生的根机为主,观机逗教;何时何地为何人讲何种法;什么样的根机,就用什么样的教法引导他,这叫做"方便时节"。

讲话要因人、因时、因地;因为此人的根机可以接受,所以我跟他讲这句话,但是也要观机、观时。若时间对了,要跟他讲的话也没有错,则必须考虑地点适不适合?这几件事情都要用我们的智慧分析,所以称为"方便时节"。要做一位菩萨,就必须学习佛陀的智慧,要善于分辨,以方便时节去施法、教导众生,此即智慧。有了像日月一样明朗的智慧,才能分辨众生的根机,并观察何时适合推展何种事业。

接着解释"扶疏、增长"。懂得种菜、耕作的人,将种子播种后，一定要知道如何照顾田园。例如菜苗长出来时，不能让它太密杂；太密杂则蔬菜长得不美，必须将多余的菜苗摘除。因此何时种菜？何时播稻？耕作时间必须配合谷种和菜苗的生长季节，如此，农作物才能丰收。

学佛也要像园丁、农夫一样，好好地播撒善种，好好地摘除杂乱的根苗、辛勤耕耘，好好照顾播撒的菩提善种，使其苗壮长大！此即"方便时节，扶疏增长大乘事业"。

佛陀以各种方法引导我们，最主要的目标是要启发我们的大乘精神，使每个人都能加入大乘的事业。大乘事业就是救人的工作，菩萨精神就是大乘的精神。我们要自己培养这种精神，也要引导大家身体力行去做救人的工作——"大乘事业"，此即《法华经》的精神。

志玄虚漠，守之不动

《无量义经》的《德行品》经文中有一句"静寂清澄，志玄虚漠"，就是教我们要以清净的心念，立大志弘大愿。玄是极深之意；佛陀除了要我们发大心、立大愿、行大行之外,又教我们"守之不动,亿百千劫",即是以恒持心时时身体力行去救人,生生世世都不退转这分道心!

今天大家生活在平安、富裕的环境中,应该好好把握因缘,充实自己未来度众的力量。彼此广结善缘,携手并进常发悲悯心,为世间苦难众生多付出!然而有"一念"悲悯之心还不够,还必须将这念心付诸行动——从事救人的工作、造福人群,如此才能成就"佛"的境界。

若只是发心说:"我想救人,我很同情他……"这仅是一个因,并没有造缘,有因无缘则菩提善种无法增长,仍然会腐烂! 大家要知道,有了因若欠缺缘的聚合,不合时宜,也不能发挥作用。

诸位,我们每个人都有一颗很好的种子,也就是成佛之"因"。如果不采取行动、身体力行,那就是无菩萨的"缘";欠缺缘,则不能成就任何事业。

日行万善,增长大乘

一年三百六十五天,一天天很快就过了! 希望大家莫浪费时间,要好好利用时间,培养善种,造就善缘。总而言之，如果想当一位"菩萨"就必须日行万善，观一日之事，立万世之善愿！仔细观察这个人间社会，并且好好地思考，才能真正体会佛陀的悲心本怀！把握时机因缘立下宏愿，生生世世常行菩萨道。

前面已提过《无量义经》的一句话："志玄虚漠，守之不动，亿百千劫。"立志一定要弘大，并守持不变动。要做到这样，必须善用智慧观察人生，若能以智慧来观察人生，自然能悟得人生的境界，能守持亿百千劫的善愿。

一般人的善心都是浮沉不定，今天看到某事令他非常感动，就想赶快修行；但遇到别的境界，或听到别人说的几句话，心又跟着动摇，这样如何能"亿百千劫，守之不动"呢？

大家要学佛、学菩萨一样——"智慧日月，方便时节，扶疏增长大乘事业。"日子过得很快！每过一天就减少一天，不知到了明年的今天，我们究竟能增长多少大乘事业呢？日子减少，我们的大乘事业应该有所增长；相对的，我们的智慧也要增长。所以，希望大家努力精进于菩萨道上，福慧双修！

四、劝进行者

以"戒"为师

不断点亮他人的心光

❀❀ 以"戒"为师

"修行"就是修心养性、端正行为;"心"修得好,言行自然光明磊落、端正庄严。

一分耕耘,一分收获

学佛,就是要学得心定、心静,将所听之法表现于日常生活中;若听法之后就忘了,仍然以原来的习气待人处事,那么不管学佛学了多久,都只是在原地踏步,甚至愈学愈退步,这样有什么用呢?

修行,一定要脚踏实地,身体力行,在自心上下功夫;光是外表看起来很有修养,内心若不踏实,终究一无所成!

一分耕耘,才有一分收获。修行想要成就,一定要身体力行,绝对没有"我吃你饱、我修你成"的事。

"贪念"扰乱心性

出家人与在家人的生活方式虽然不同,但是修行的次第是一样的,同样是三皈、五戒、十善、三聚净戒,这些都必须好好守持,绝对不可马马虎虎、随随便便;稍有一刻偏离了戒律,心就会乱了!

心性散乱,无法好好守住道心,其实就是"贪念"作怪——贪荣华、贪富贵、贪权位、贪名利。唯有"戒",才能对治贪念。

所谓"衣食可去,戒不可离",即使没有衣穿、没有饭吃,也决不能舍弃做人的规矩与菩提道心!

"戒"是修行人的盔甲

学佛不容易,必须克服长时间的心灵挣扎,才能踏上学佛之路。可是,佛门的修行与社会型态差别很大! 在社会上所争取的是"名"与"利",而佛门中追求的是"道"与"德"。所以,在生活上难免有很大的冲击,不易平稳下来。

好不容易花了一段很长的时间降伏矛盾的心理，如果又离开了道，想再调理混乱的心绪及追求名利的习气回来修行，就要再从头开始。人生无常，能有多少次从头开始的机会呢？

所以，修行一定要有决心与耐心，决不可以今天学学看、明天试试看，若时时抱着试探的心态，那么永远都是"从头开始"，永远无法成就道业。因此，学佛一定要有恒心，不可须臾离佛，不可刹那离道；道心一离，名利心立即产生，岂可不慎！

学佛也不能像天气一样时晴时雨、变化不定！如果以强烈的心念求道，想现求现得，是非常危险的，就像雨水太多，易成大灾；如果一天雨、半年晴，则干旱枯竭，菩提心枯萎。所以，修行应像细水长流，不疾不徐，绵绵密密；一秒钟都不能停止，道心一停，名利心很快就会占领进来。

道心与名利心永远都在相互交战，道心稍微退堕，名利心很快就会浮现，占据道心的位置。所以，佛陀将修行者比喻为战场上的士兵，必须精进勇猛地抗拒种种无明习气；而戒律，就是保护修行者的盔甲。

佛灭度后，以戒为师

佛陀说法四十九年，灭度之前刚好讲完《法华经》。他觉得还有一件事尚未圆满，就是亲恩未报——佛陀成佛之后，度化俗家的妻、儿及抚养他长大的阿姨出家修行，父亲净饭王亦接受他的教化；但是，唯有在他出生后七天就往生忉利天宫的母亲尚未度化。所以，佛在讲完《法华经》、世缘将尽之时，到忉利天宫为他的母亲摩耶夫人讲《地藏经》。因此，《地藏经》又称为佛门的"孝经"。

佛陀讲完《地藏经》后回到人间，教阿难铺尼师毡于娑罗双树间，即将示现涅槃。

阿难禁不住生离死别的哀愁，跑到远处放声大哭！他的堂兄阿那律陀也是佛陀的弟子，知道佛陀将示涅槃，从远方匆匆忙忙地赶回来，还没回到佛陀身边，就看见阿难在远处痛哭。他告诉阿难："你怎么可以在这个地方浪费时间呢？你必须负起责任，传承佛陀的精神、教法于人间；而你还不知道传承的方法，所以要赶紧问佛陀啊！"

阿难恍然大悟！即刻问阿那律陀应请示佛陀什么问

题？阿那律陀告诉他，有四件事必须请示佛陀，其中之一是——佛在世时，大家以佛为师，佛灭度之后，要以什么为师呢？于是阿难赶紧回到佛陀身边，请佛陀开示。佛陀回答："以'戒'为师。"

由此可知，"戒"是佛教的命脉，是学佛修行的根基。

《梵网经》中《菩萨心地品》云："戒如明日月，亦如璎珞珠；微尘菩萨众，由是成正觉。"

"戒"如明月般清净光明，能引导众生从迷茫走向觉悟。戒亦如珍贵的"璎珞珠"，是世间的珍宝，使人与人之间和谐共处，国家祥和、社会安定。

微尘是表示数量无限多的意思，"微尘菩萨众，由是成正觉"意指"戒"是学佛修行的根基。唯有严持戒律，彻底净化"身、口、意"，才能觉悟宇宙间的真理，成就无上佛道！

人心有戒，国家安定

台湾相较于海外，可说是风调雨顺、丰衣足食！可惜很多人不知惜福，不遵守做人的本分，破坏家庭伦理，扰乱社会秩序。如果社会能够更安定、更和谐，则当下就是西方极乐世界了。

把"心"照顾好，行为才不会偏离正轨，而"戒"正是心的明灯——心中有戒，人生平安、吉祥；人人有戒，社会清净、祥和。

"戒"并非不切实际、莫测高深的道理；守好规矩，该做的事用心做好，不该做的事不要去做，就是戒。所以，戒是——人人都需要，人人都可以做得到！

父母心中有戒，才能以身作则把孩子教好；教师心中有戒，才能培育出心地善良、言行端正的学生；商人心中有戒，就不会做出损人利己的事；公务员心中有戒，便能善尽本分，树立廉明的形象；政治家心中有戒，才能无私无我、诚正信实，以身作则端正社会风气，带领人民走上康庄大道。

总而言之，只要人人心中有戒，何愁我们的国家不能富强安康、受人尊重！

戒如明月，能在黑暗迷茫中绽放清净光明的力量。希望大家提起大决心、大毅力，精进勇猛严持戒律，使品格圣洁如明珠，胸怀坦荡有如光风霁月！

不断点亮他人的心光

　　"慈济世界"像一个人生大舞台,每个人都扮演着重要的角色,每位演出者都是彼此的"贵人"和"助缘",除了点燃自己的心灯,也点亮他人的心灯。不要轻忽任何一盏小灯或一支小蜡烛的光亮,因为凝聚千千万万的灯火烛光,可以造就无量光明世界!

　　以前有一个小沙弥尼,跟随师父在深山里修行。

　　有一天,小沙弥尼问师父:"师父,如何才能使我心地光明、智慧开启?"

　　师父只告诉他一句话:"点亮你的心灯——心中的烛光!"

　　小沙弥尼非常迷惑,心想:"师父教我点亮心中烛光,不知道该怎么做才能体会师父真正的意思?"

　　不久,师父往生,沙弥尼也慢慢长大,另外兴建了一所道场,并且度化许多弟子。这个道场有个特色:就是在大殿的角落里,每日增加一盏灯。

每点燃一盏灯,大殿就增加了一分光明。

一直到他七十岁即将往生时,他睁开眼睛看了一眼满屋的灯火,然后摇摇头说:"师父开示要我点亮心灯。我点亮了满室的灯火,然而到底点亮了我内心几分光明呢?"他对自己喃喃自语的慨叹着……

但是当他即将咽下最后一口气,又睁开眼睛看了看所有的烛光,终于微笑着对弟子说:"室外的光,就是内心的明。弟子啊! 只要你们每一个人再出去传灯,这个黑暗的世界就会变成光明的世界。弟子们! 大家要跟我一样,不可轻视每一盏小灯!"

是啊! 大家不要轻视小小一盏烛光! 希望大家除了将自己的心灯烛光点燃之外,还要不断点亮他人的心光。更希望每一位都能一传十、十传百、百传千……将慈济世界的烛光遍布世界各角落。那么,这个世界将充满无限光明!

❦❦ 后记

"净因三要"为学佛初机,期待诸位读者明因果、修诸善,秉持深切信愿,力行"净因三要"——

一、孝养父母,奉事师长,慈心不杀,修十善业。

二、受持三皈,具足众戒,不犯威仪。

三、发菩提心,深信因果,读诵大乘,劝进行者。

力行"清净因",必得"清净心"。人人都力行清净因,必然人人都得清净心,那么净化人心、祥和社会不远矣!

祝福大家人格圆成,自度度人,阿弥陀佛!

图书在版编目(CIP)数据

净因三要/释证严著. —上海：复旦大学出版社,2011.1(2021.5 重印)
(证严上人著作·静思法脉丛书)
ISBN 978-7-309-07369-0

Ⅰ. 净… Ⅱ. 释… Ⅲ. 佛教-人生哲学-通俗读物 Ⅳ. B948-49

中国版本图书馆 CIP 数据核字(2010)第 113343 号

原版权所有者：静思人文志业股份有限公司授权复旦大学出版社
出版发行简体字版

慈济全球信息网：http://www. tzuchi. org. tw/
静思书轩网址：http://www. jingsi. com. tw/
苏州静思书轩：http://www. jingsi. js. cn/

上海市版权局著作权合同登记号 图字：09-2010-400

净因三要
释证严 著
责任编辑/邵 丹

复旦大学出版社有限公司出版发行
上海市国权路 579 号 邮编：200433
网址：fupnet@ fudanpress. com http://www. fudanpress. com
门市零售：86-21-65102580 团体订购：86-21-65104505
出版部电话：86-21-65642845
上海崇明裕安印刷厂

开本 890×1240 1/32 印张 7.25 字数 95 千
2021 年 5 月第 1 版第 4 次印刷
印数 11 201—13 300

ISBN 978-7-309-07369-0/B·355
定价：23.00 元